手紙手帖

あの人は、どんな手紙をくれるかしら

木村衣有子

はじめに

街角で、赤いポストが目にとまった。鞄の中に入っている、投函すべき手紙をいそいそと取り出すのは、ちょっと楽しい。ただ通りすぎるのは、なんだかものたりない。

手紙を書くために、便箋、封筒を買いに行く。それに似合う切手も選んで、するとインクの色にも凝りたくなってきて、きりがない。それもまた楽しい。

あれこれ選んでそして、ひとり綴った手紙は、宛てた誰かひとりに読んでもらうためにだけ存在する。差出人の手元にも残らない。手紙は、いさぎよくてはかない。だから、少し気をつけて書かないと。

気の利いた手紙が書けるようになりたいと、聞いたり調べたりして集めた豆知識を集めてつくったこの本が、少しでもあなたのお役にたてば、幸いです。

もくじ

はじめに　3

第一章　手紙の基本

便箋　たて書き　12
よこ書き　14
封筒　たて書き／よこ書き　16
葉書　たて書き／よこ書き　18
春夏秋冬のあいさつ　20
年賀状について　24
気をつけること集　26
コラム　「便箋の折り方」　28

第二章　手紙の必需品

銀座・伊東屋　34
鳩居堂　42
平つか　48
月光荘画材店　54
二月空　60
佐瀬工業所のガラスペン　68
コラム　「紅茶と葉書」　74

第三章　手紙と人

牧野伊三夫　80
木下綾乃　88
穂村弘　96
甲斐みのり　105

コラム　「私の好きな切手」　114

第四章　手紙についての本

『手紙のことば』 120
『三島由紀夫レター教室』 122
『あしながおじさん』 124
『漱石書簡集』 126
『手紙を書きたくなったら』 128
『さわの文具店』 130
『美しき日本の絵はがき展』 132
コラム　「ラブレター論」 134
おわりに 136

お店情報 138
郵便料金表 141
参考文献 142

第一章　手紙の基本

まずは、基本的な手紙の書き方について解説します。

その前に一言、お断りを。

ほんとうに、基本的なことだけしか取り扱わないので、あしからず。

参考例として挙げているのは、近しい女友達に宛てた、少し背すじをのばして書いた何通か。彼女は学校か仕事場が同じだったことから仲良くなり、いまは私とは遠いところに暮らしているけれど、二ヶ月に一度くらいは会って話す間柄、という設定である。モデルはいるものの、あくまでも架空の人物である。けれど、彼女に手紙を書くのはけっこう楽しかった。

便箋

たて書き

基本的な手紙の書式である。親しい相手に宛てた、少し背すじをのばして書いた一通。参考にしていただけると幸いです。

【前文】

「こんにちは」を丁寧に書く、前置きの部分である。その季節の印象→相手を気づかう一言（「いかがお過ごしでしょう」など）→自分の近況、という順に書く。ちなみに「前略」と書くことは、前文をすべて省略した、という意味を示す。

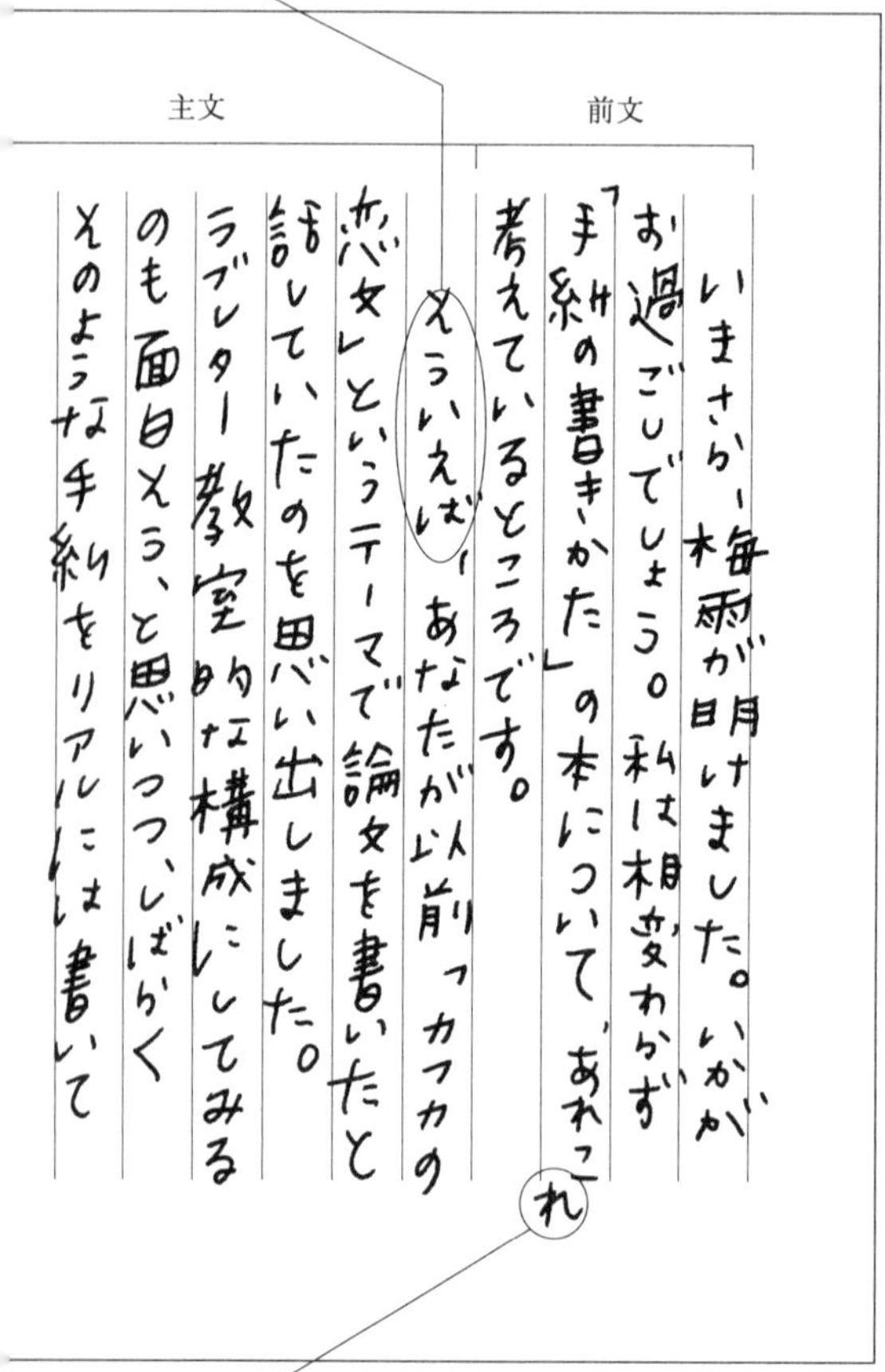

いまさら、梅雨が明けました。いかが
お過ごしでしょう。私は相変わらず
「手紙の書きかた」の本について、あれこれ
考えているところです。
そういえば「あなたが以前、カフカの
恋文」というテーマで論文を書いたと
話していたのを思い出しました。
ラブレター教室的な構成にしてみる
のも面白そう、と思いつつ、しばらく
そのような手紙をリアルには書いて

【主文】

その手紙のテーマとなる事柄である。主文は、「さて」「ところで」などの起こし言葉から、一字下げて書きはじめるのが基本。

【ぶら下げ】

長い文章の中で、例のように「～の」「です」、また名詞の一部などが、行末で中途半端に切れてしまう場合は、左に寄せて書く。

【末文】「ではまた、さようなら」を丁寧に書く部分である。

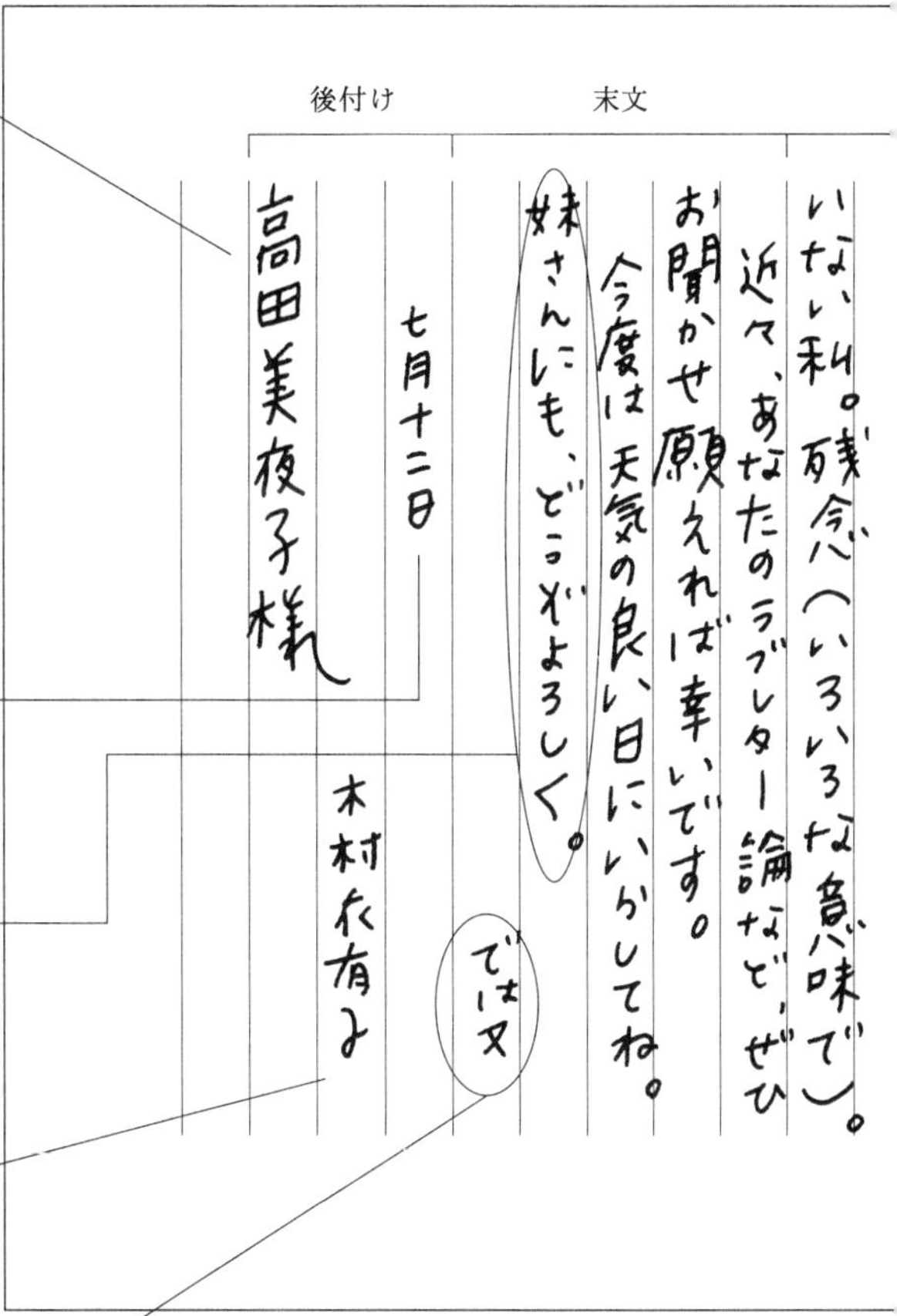

【宛名】
便箋の最後の行に書くと失礼にあたるので、気をつけること。書き出しは、主文と高さを揃えて、大きめに書く。

【日付】
改行して、二、三字下げ、小さめに書く。

【伝言】
目上の人にはあまり頼まないほうが無難。

【差出人の署名】
宛名より小さめに書く。

【結語】「拝啓」などの頭語を省いた場合でも、結語があると手紙がきちんとまとまる。行末に、もしくは改行して下のほうに書く。

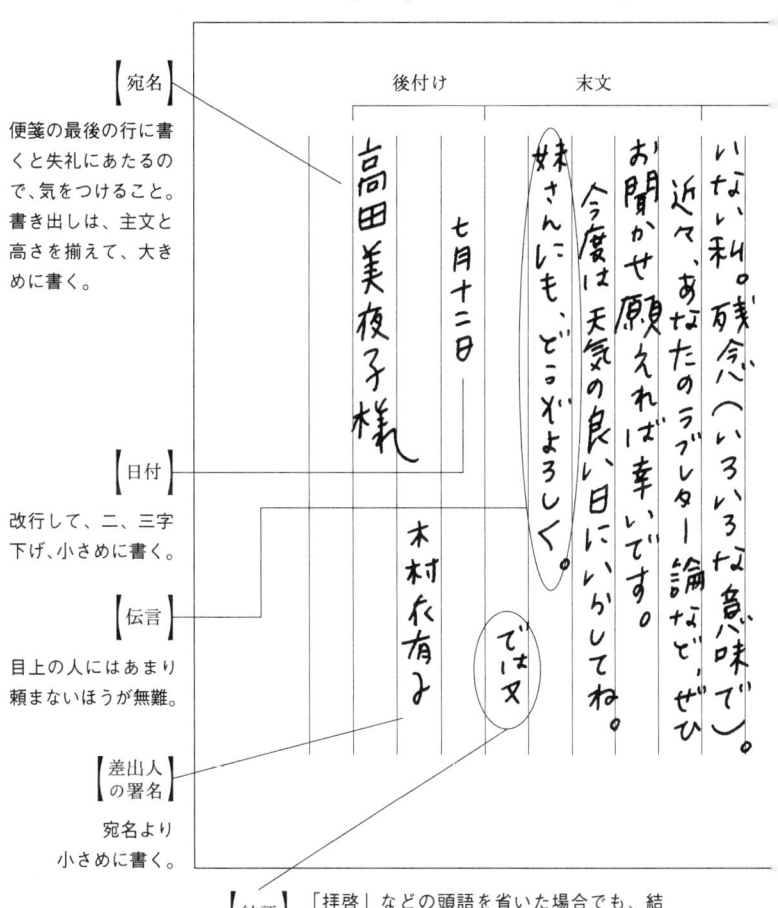

便箋

よこ書き

基本的には、たて書きのマナーと同じである。

書いた場所も悪かったのです。
それは、新幹線の車中でした。
車窓を流れる風景を横目に、
すっかりロードムービー気取りで
恋心をストレートに、夢見がちに
綴ってしまった、と記憶しています。
シチュエーション、重要ですね。

主文

　また、手紙を書きます。

末文

7月30日

木村衣有子

後付け

追伸：夏目君、引越し決まったそうですよ。

副文

【追伸】主文に書き忘れたことを、小さめの文字で、長くても二、三行以内で書く。あくまでも親しい相手にのみ。

【書きはじめ】

横書きの場合、宛名から書きはじめても、あるいは後付けをすべて、いちばん前に持ってきてもかまわない。

高田美夜子様

前文

　先日はせっかく「恋文講座」に
お誘いいただいたにもかかわらず
結局のところ都合がつかずに
ごめんなさい。懲りずにまた
お誘いください…どうぞよろしく
お願いします。

主文

　おわびに、私のラブレター論を
ひとつ書きます。結論から言うと
その恋は叶わず、まあいくつか
敗因はあったものの、ラブレターを

封筒 たて書き

封筒はいわば、手紙にとっての顔のようなもの。丁寧にはっきりと、お化粧を。

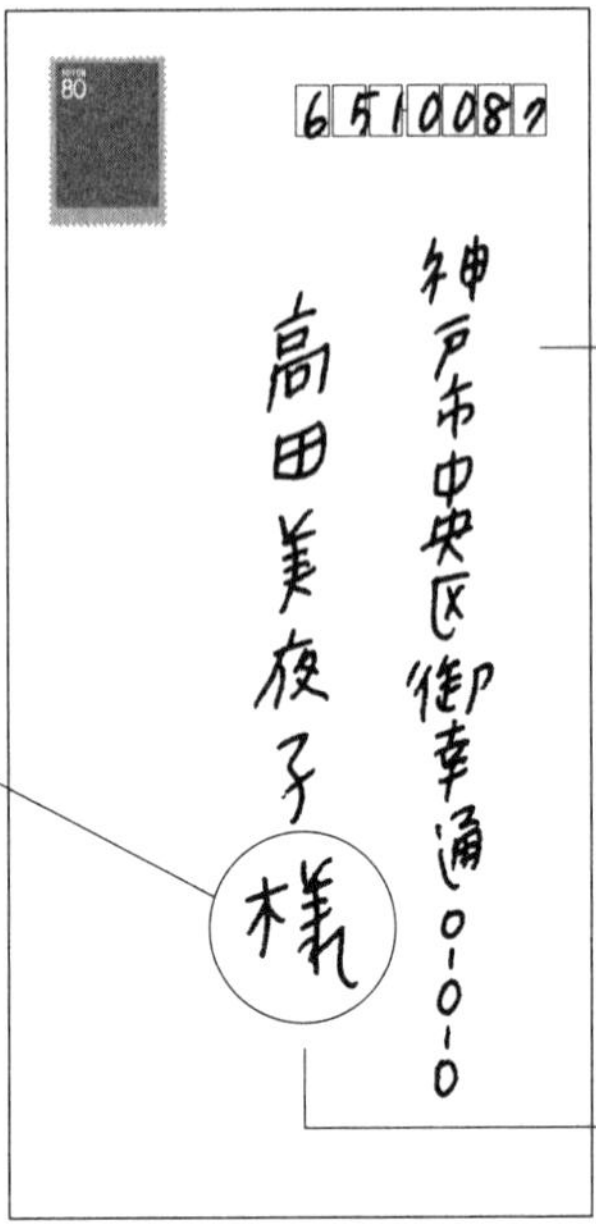

【住所】

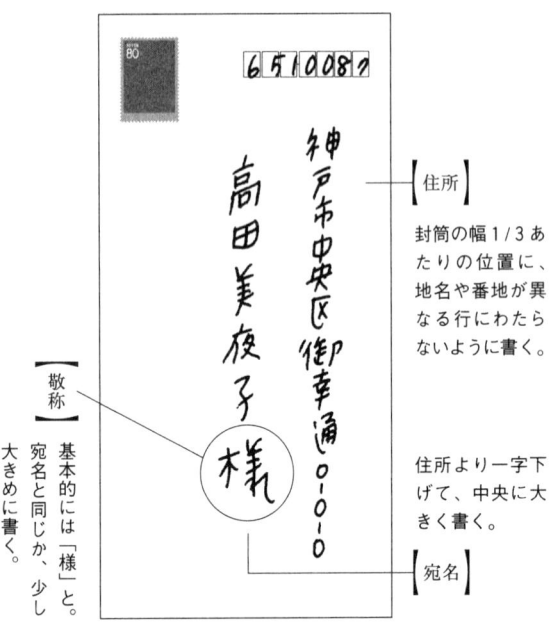

封筒の幅1/3あたりの位置に、地名や番地が異なる行にわたらないように書く。

【宛名】

住所より一字下げて、中央に大きく書く。

【敬称】

基本的には「様」と。宛名と同じか、少し大きめに書く。

封筒 よこ書き

基本的には、たて書きのマナーと変わらない。

【切手】

切手は、封筒の長辺をたてに置いたときに左上になるように貼るのが、原則。

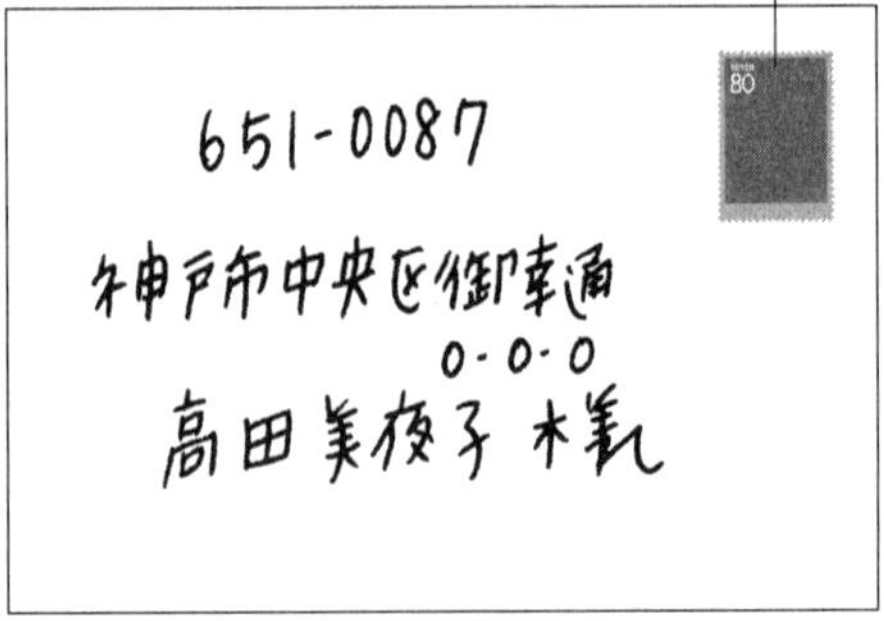

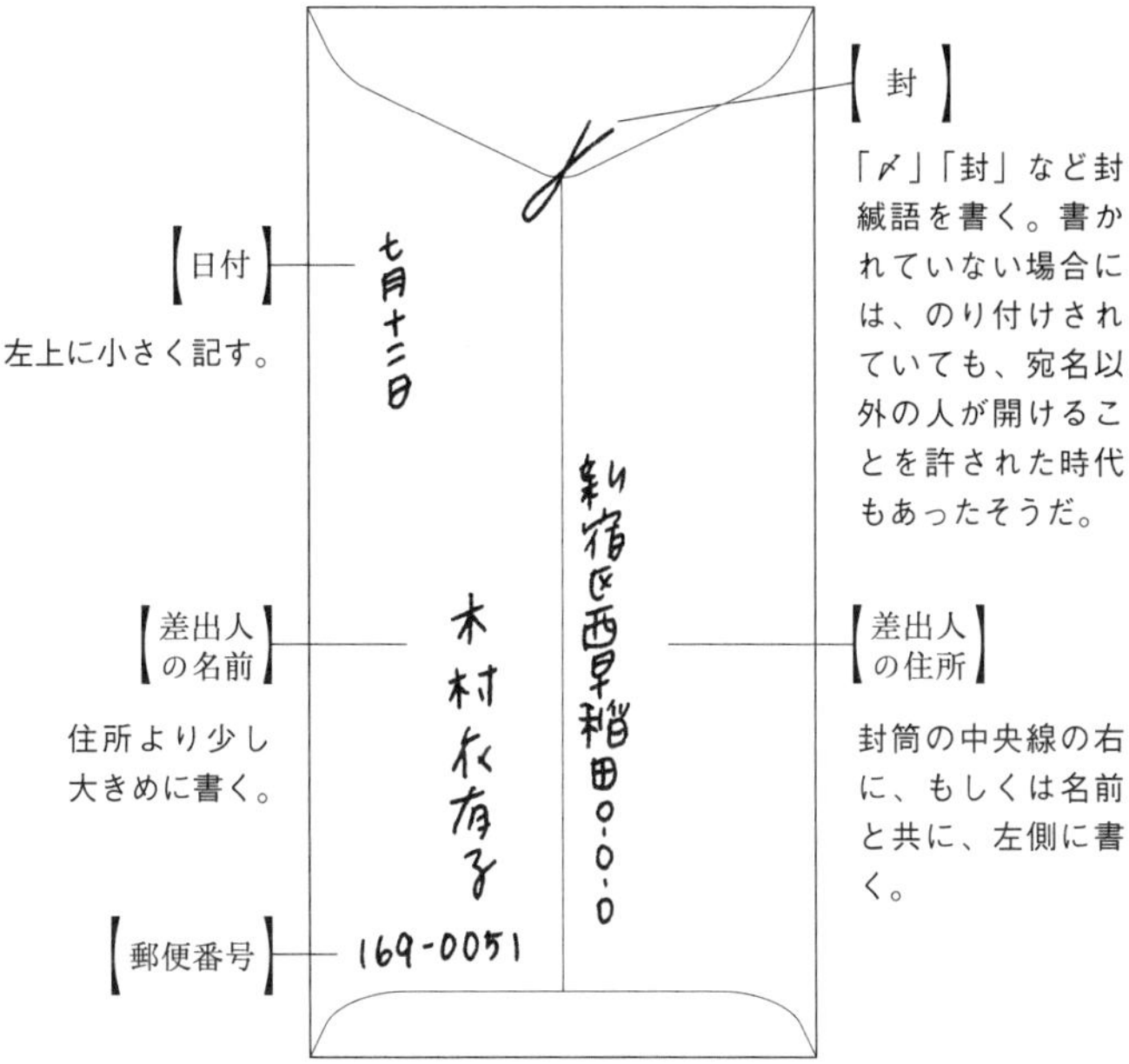
【封】

「〆」「封」など封緘語を書く。書かれていない場合には、のり付けされていても、宛名以外の人が開けることを許された時代もあったそうだ。

【日付】

左上に小さく記す。

七月十二日
新宿区西早稲田0-0-0
木村衣有子
【差出人の名前】

住所より少し大きめに書く。

【差出人の住所】

封筒の中央線の右に、もしくは名前と共に、左側に書く。

【郵便番号】

169-0051

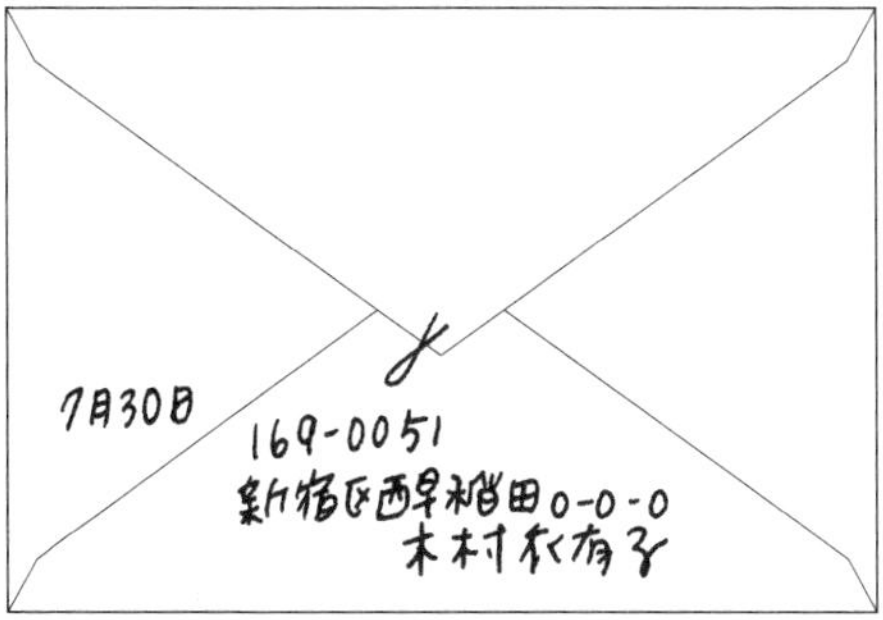
7月30日
169-0051
新宿区西早稲田0-0-0
木村衣有子

葉書

たて書き

スペースが限られている葉書では、文面もコンパクトに、しかし、印象的にまとめたいところ。

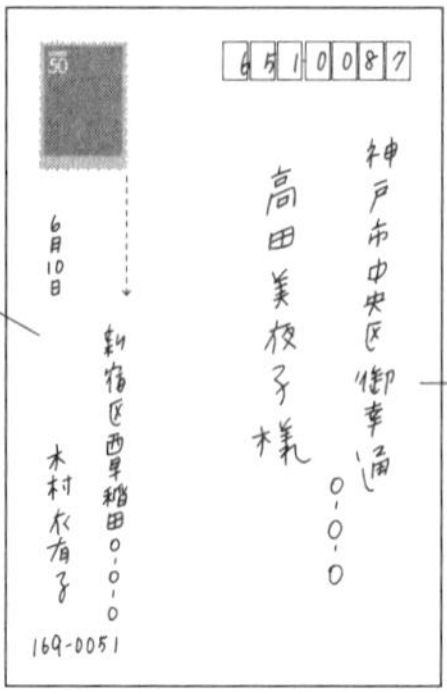

【住所宛名】

封筒の書式と基本的には同じである。

【差出人の住所】

切手の右辺の延長線上から書きはじめる。

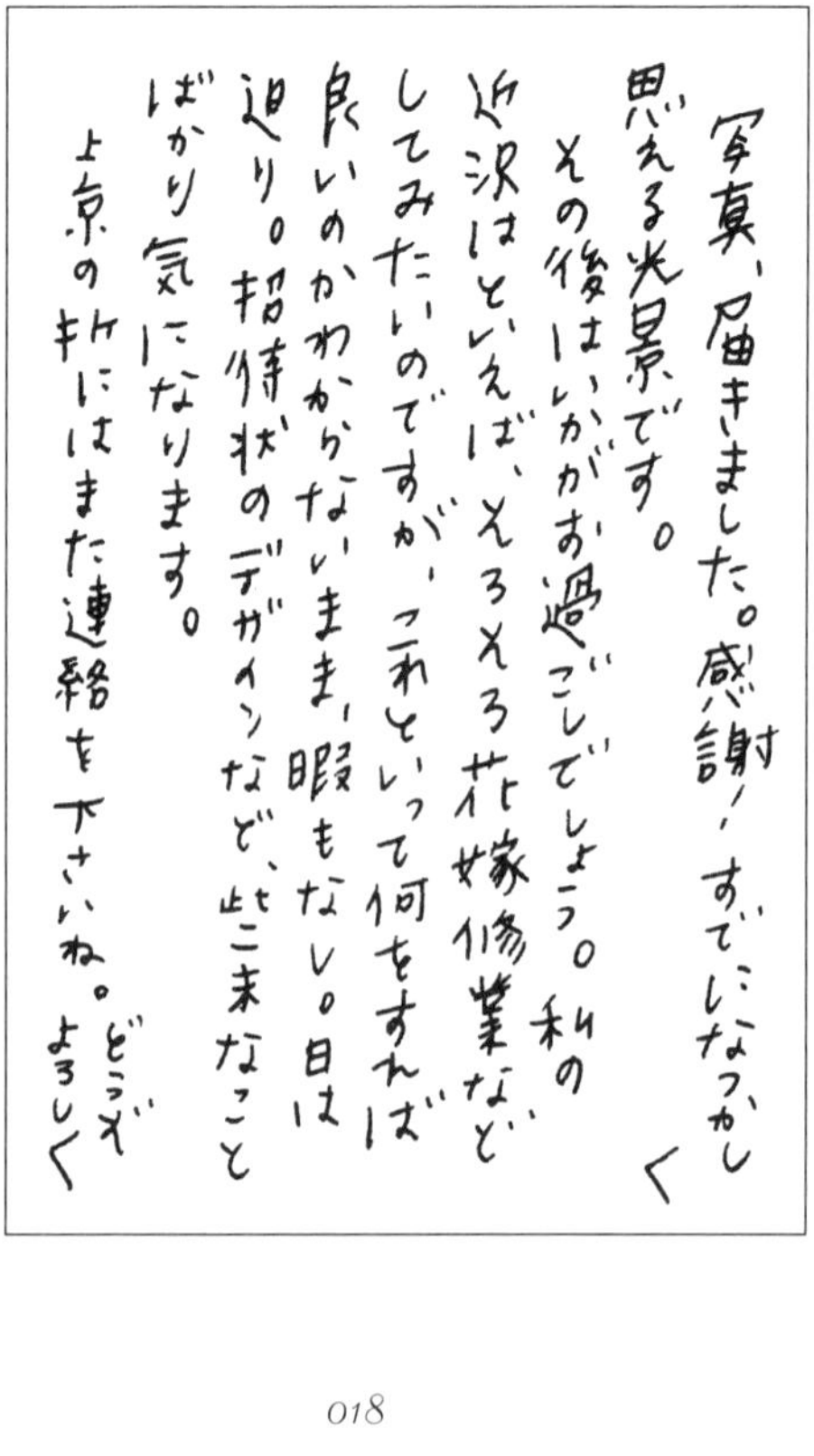

写真、届きました。感謝！すでになつかしく
思える光景です。
その後はいかがお過ごしでしょう。秋の
近況はといえば、そろそろ花嫁修業など
してみたいのですが、これといって何をすれば
良いのかわからないまま、暇もなし。日は
迫り。招待状のデザインなど、些末なこと
ばかり気になります。
上京の折にはまた連絡を下さいね。どうぞよろしく

葉書の場合は、前文などを省略し、主文を中心に書く。七〜十行くらいが良い。

葉書
よこ書き

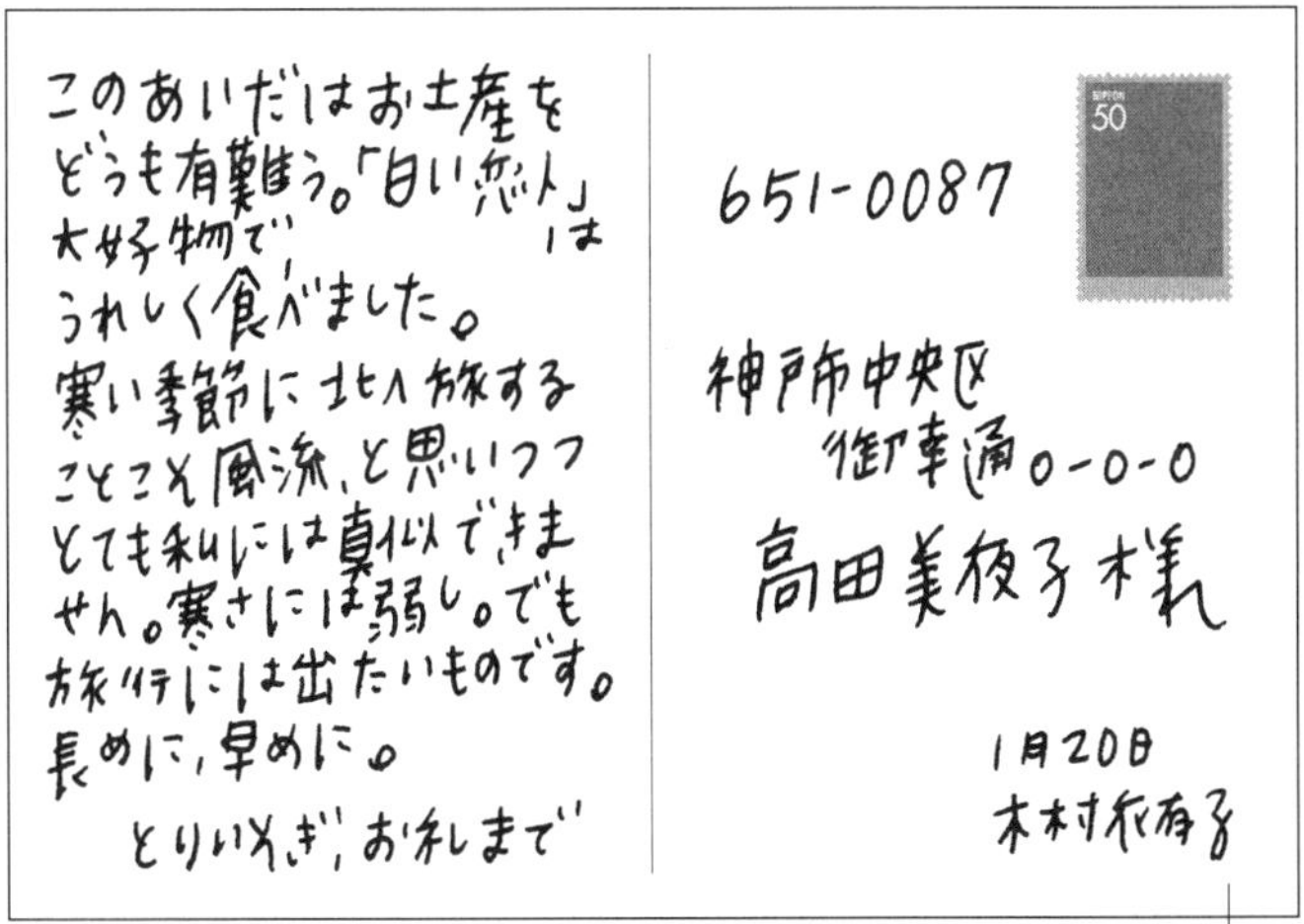
このあいだはお土産を
どうも有難う。「白い恋人」
大好物で　は
うれしく食べました。
寒い季節に北へ旅する
ことこそ風流、と思いつつ
とても私には真似できま
せん。寒さには弱い。でも
旅行には出たいものです。
長めに、早めに。
とりいそぎ、お礼まで

50

651-0087
神戸市中央区
御幸通0-0-0
高田美夜子様

1月20日
木村衣有子

【差出人の住所】

なるべく記したほうが望ましいが、葉書をこう使う場合は、スペース的に仕方なくもある。

春夏秋冬のあいさつ

手紙の前文に記す、その季節の印象を、いくつか書きあらわしてみた。どうぞご参考に。

春

【鶯】うぐいす

鶯の別名には、黄粉《きなこ》鳥、というのがあるそう、何やら美味しそう。

【梅】うめ

去年の梅花祭にてあなたが購入したレースのワンピース、可愛いらしかったですね。

【桜】さくら

今日は桜餅を買いました。早く本物の花も咲かないかなと思って。

【春眠】しゅんみん

春眠におぼれがちな、今日この頃。

【花冷え】はなびえ

夜桜が魅力的ですが、花冷えには気をつけないといけません。

【半袖】　はんそで

いよいよ半袖の季節です。

【紫陽花】　あじさい

紫陽花は、晴天にはあまり似合いませんね。

【風鈴】　ふうりん

こちらでは、風鈴をそろそろ出したいころです。

【かき氷】　かきごおり

かき氷は、暑い最中に食べるのがやはり美味しい。シロップはレモンが好き。

【手花火】　てはなび

今度、一緒に手花火をしませんか？

夏

秋

【銀杏】《いちょう》
帰りの電車の窓から、銀杏の黄色がまぶしく見えました。

【マフラー】
マフラーを新調しました。今年は水色で、恋も水色。

【月】《つき》
富山の「月世界」という名のお菓子、いちど食べてみたい。

【暖色】《だんしょく》
暖色系の服ばかり目にとまる、秋です。

【小春日和】《こはるびより》
『小春日和』という題名の小説をいま読んでいます。

冬

【酉の市《とりのいち》】
酉の市に出かけたら、冬の匂いがしました。

【寒夜《かんや》】
井上陽水の『氷の世界』をつい口ずさむほどの、寒夜です。

【雪《ゆき》】
明日は雪になるそうで、身構えております。

【おでん】
おでんの具についてあれこれ考察する日々です。

【白鳥《はくちょう》】
湖上で、白鳥の群れを見ました。同じ形のボートに乗った思い出がよぎりました。

年賀状について

年賀状には、すこし古めかしくて素敵な言葉を使ってみよう。
歳時記などから新年の言葉をいくつか選びだしてみた。

明の春
今朝の春
花の春
初みくじ
初夢
初日記
初鏡（年が明けてはじめてのお化粧）
雪中花（水仙のこと）
元日草（福寿草のこと）

年賀状豆知識

・クリスマスまでに投函すると、元日に届く。
・元日～七日までが「年賀状」を送りあう期間である。七日を過ぎてから立春（二月四日）までは「寒中見舞い」として出すのが正式とされる。
・宛名と、その人だけへの一言は手書きで。

デザインいろいろ

年賀状をどんなデザインにするかは、毎年悩むところ。モチーフは水仙を選び、いくつかの材料を使って、バリエーションを考えてみた。ご参考までに。

〈版画〉

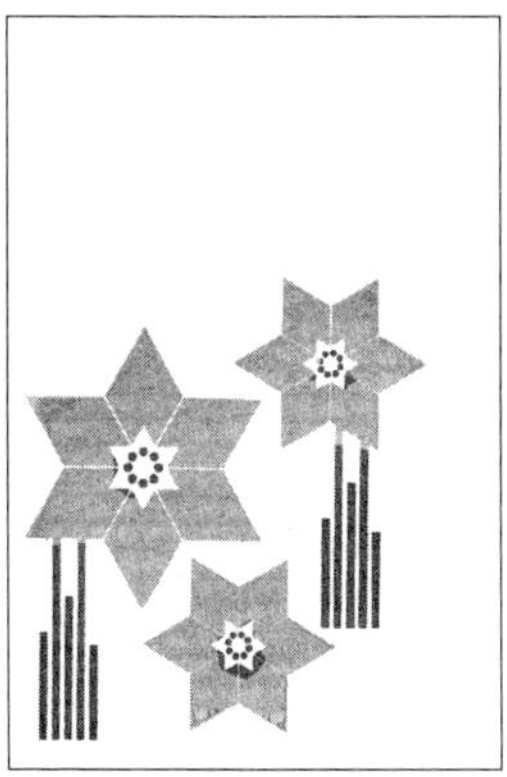

〈コラージュ〉

〈クレヨン〉

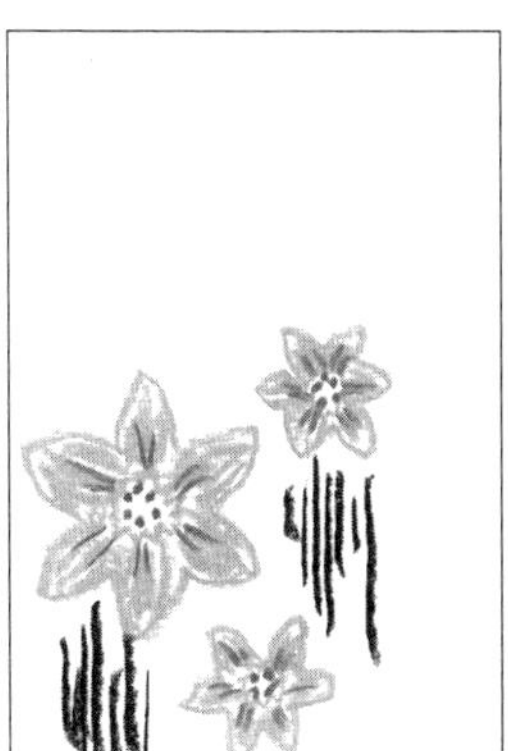

〈水彩〉

気をつけること集

手紙を書く前におぼえておくと、きっと役にたつだろう事柄あれこれ。

1

黒、青、ブルーブラックのインクを使って書くのが望ましい。

何より読みやすいし、礼儀にもかなっている。赤は「絶交」を意味するので避けること。

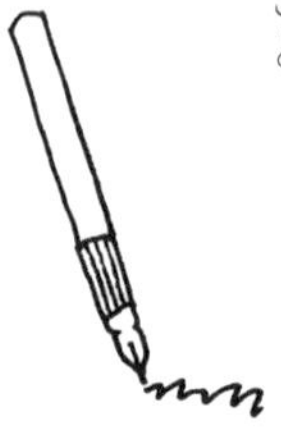

2

遅くなっても返事はとにかく、出さないよりは出す。

返事が遅れたお詫びを一言添える。理由はくどくど書かないほうがよい。

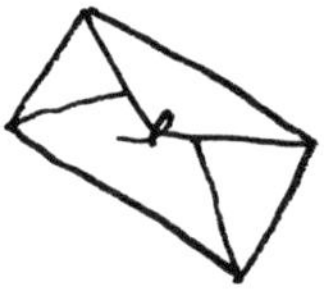

3

手紙を書いた日付けは記しておく。

あとで、行き違いや勘違いがあったとき、消印だけでなく日付けも証拠になるから。

2005.6.10.

4

葉書で受け取った手紙は、葉書で返事する。同じく、封書なら、封書で。

5

葉書に秘密は書かない。

葉書で出す手紙は、宛名以外の誰に読まれてもとがめられないことになっている。

6

宛名の書き間違いは、修正液では直せない。必ず新しく書き直すこと。誰宛でも同じく。

また、本文中の書き間違い部分を修正液で直すのも、親しい相手宛のみにとどめたい。

7

ラブレターの返事は、タイミングをはかって出すべし。

手紙の返事は、早ければ早いほど良い。けれどラブレターに限っては、相手を少し惑わせたり、焦らせたりもすべき。

column 1 便箋の折り方

十代前半のころ、授業中にこっそりと、同じクラスの中で手紙のやりとりが行なわれている現象は、全国共通なのかしら。

消しゴムなどを借りるふりをして、前か隣りの席の子が、小さく折りたたまれた手紙をぽんと私の机に置く。表面に「〇〇にまわして」など宛名が書かれている。それが自分の名前であるときは、とてもうれしかった。そうでないときは、なるべく素早く、最短ルートになるように計算した方向の席の子へ渡す。不思議と、誰かが途中で止めて開けてしまったり、先生に言いつけたりという意地悪はなく、ささやかなバケツリレーのようだった。

四月のクラス替えで、仲が良かった子と離れると、授業中にこっそり手紙を書いて、休み時間にそのクラスまで渡しに行った。主に女の子への手紙だ。クラスが離れてまで男の子に手紙を書く、なんてよほどの決心がなければできなかった。

交換日記も流行《はや》っていたが、手紙のほうが完結していて、個人的で好きだった。でも、毎日顔を合わせる子たちに宛ててあんなに沢山手紙を書いていたなんて、いま思うとあきれてしまう。

便箋は、小学校高学年までは「りぼん」「なかよし」などの漫画雑誌の付録のレターセットも使っていた。中学生のときは、主にノートのきれはしだった気がする。つまり、あまりこだわってはいなかった。

もちろん、わざわざ封筒に入れたりもしない。だから、折り方には凝った。ハート型だの、動物の形だの、複雑に折る子も多かった。私はそもそも折り紙からして苦手だったので、いつも単純なやり方でしか折らずじまい。とはいえ、ただ四角く折りたたむだけでない、すぐには開けないような折り方で、当時は一般的な方法だと思っていた。いま再現してみようとしたら、あっさり覚えていた自分にびっくり（図を参照のこと）。ご参考までに。

第二章　手紙の必需品

手紙を書くのに必要なものは、まずは便箋と封筒、もしくは葉書。それからペン。もちろん切手もあるけれど、あえてこの章では省略する。

書きやすいペンに、インクがきれいにのる紙が手に入れば、書くことそのものがうれしくなる。そういった、これは素敵、使いやすい、と思える手紙用品を扱っているお店の名前をいくつか挙げていくと、なぜかどの店も銀座にあると気がつく。流石《さすが》、銀座。

この章では、手紙の必需品がある銀座の四軒のお店と、綺麗なペンとカードのつくり手を紹介する。

銀座map

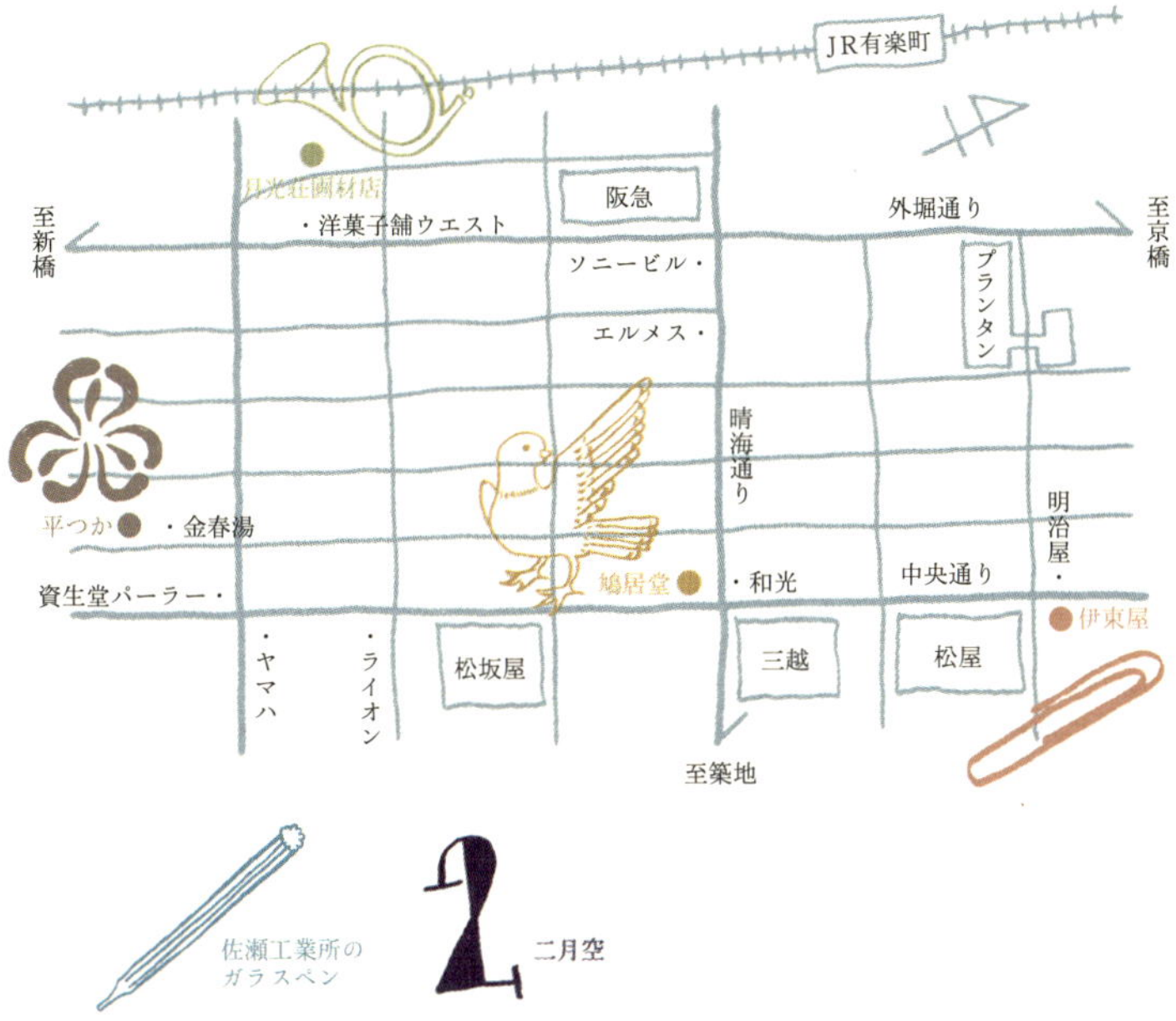
JR有楽町
月光荘画材店
阪急
外堀通り
至新橋
至京橋
・洋菓子舗ウエスト
ソニービル・
エルメス・
プランタン
晴海通り
平つか
・金春湯
明治屋・
資生堂パーラー・
鳩居堂
・和光
中央通り
伊東屋
・ヤマハ
・ライオン
松坂屋
三越
松屋
至築地
佐瀬工業所のガラスペン
二月空

銀座・伊東屋

伊東屋の大きな目印は、赤いクリップの看板。一九八七（昭和六二）年より掲げられている。シンプルで安価で、誰でも知っている、使ったことのあるモチーフであることからクリップに決まったと、四代目社長、伊藤高之さんは教えてくれた。

『銀座細見』（注）という、一九三一（昭和六）年に出版された本に、伊東屋が「東京第一の文具店」として登場するのを読んだ。

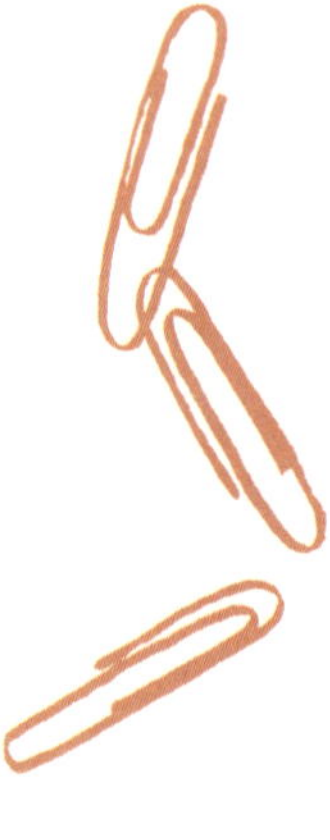

伊東屋の創業はそれから二十数年前、一九〇四（明治三七）年である。当時の看板には「和漢洋文房具」とあった。なかでも「洋」、ヨーロッパからの輸入文具を軸にしていた。創業から百年以上がたったいまでも、伊東屋にはハイカラなイメージがやはりある。

例えば便箋など、手紙用品については、どういった基準を持って選ばれているのか、

創業当時の伊東屋のミニチュア模型。覗いてみたくなる。

【クレイン】「てんとう虫」

便箋と封筒セット（各25枚）3,360円

【クレイン】「蜂」

カードと封筒セット（各25枚）3,045円

伊藤さんに訊ねた。

「あたりまえですけれど、品質が良いこと。いろいろな筆記具やインクと相性が良いことです」

代表的なものとして、「紙が良いんですよ、実に」と紹介してもらったのが、アメリカのメーカー〈Crane《クレイン》〉のレターセット（上の写真を参照のこと）である。紙は綿花からつくられていて繊維が長く、万年筆で書くのに向いているそう。確かに、字が上手くなったように思える書き味で、楽しい。けして値段は安めではないが、質には確実に納得できる。一八〇一年に創業した〈クレイン〉の紙は、ドル紙幣にも使われている

【一枚完結箋】「書簡箋」

（縦罫8行）20枚入り／578円　この縦罫8行の書簡箋を、伊藤さんご自身はよく使っているとのこと。左の余白は、相手の名前を上座に大きく書くためのデザインである。

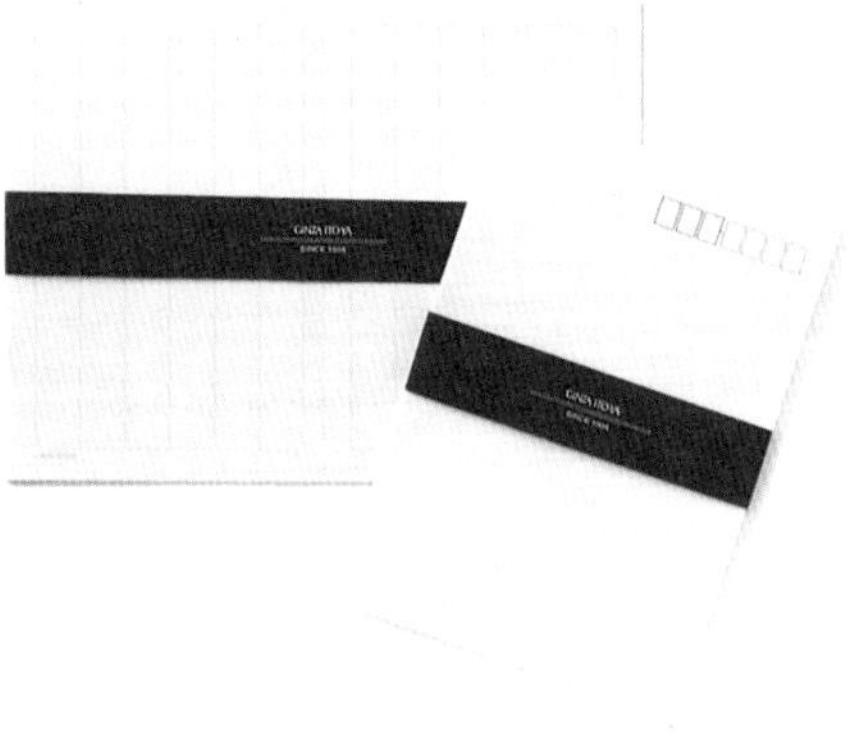

【一枚完結箋】「二つ折りはがき箋、封筒」

各20枚／1,785円（化粧箱入り）　「封筒に入れることによって、丁寧な気持ちが伝わります。ファッションでいうと和、きものの感じですね」、とは伊藤さん談。

という。伊東屋では、直輸入をしている。〈クレイン〉の品が並ぶ同じフロアには、伊東屋のオリジナルの品、「一枚完結箋」もある。「その名前の通り一枚の中で全て書き終わるようにと考えました」と、付いている小さなパンフレットにはある。罫線を囲む枠のデザインも、この一枚で完結、と主張している。「先日はごちそうさまでした」あるいは「素敵なものをどうも有難う」のような、さらっとしたお礼の手紙に向いている。

伊藤さんにとって手紙とは、「人間関係をいつもきちんと保っておくため」のものの、だそう。「手紙といちばん相性が良いのが、万年筆ですね。大人が正式に使うに足りる筆記用具です」と話してくれた。ボールペンだと、筆致に抑揚がなくなるので、日本語のとめ、はね、漢字をあらわせないという。

私は実は、万年筆を今年はじめて購入した。文章を書く仕事をはじめてから、数年のあいだ主に使っているのは、一本が百円台の使いすてボールペンだった。原稿用紙に手書きで清書するわけではないので、走り書きに便利ならそれで良しと思っていた。百円といえども、青インクでノック式、本体は透明でインクの残量がわかるものに限るという、選ぶ基準はあった。しかし、いったん万年筆であれこれ書きはじめると、いままでずっと使いすてボールペンの森の中で迷っていたのが、いきなりひらけた明るい野原に出た、みたいな気持ちになってしまった。

購入したのは、もちろん伊東屋にて、カラフルな万年筆を。ドイツの筆記具メーカー、〈ラミー〉と〈ペリカン〉のを一本ずつ（左ページの写真を参照のこと）。ペンの持ち方の練習用に使うため、グリップには指を置く位置が示されている。どちらもインクはカートリッジ式で、ボトルでインクを買って詰め替える万年筆ならではの楽しみはないけれど、値段も含めて、万年筆初心

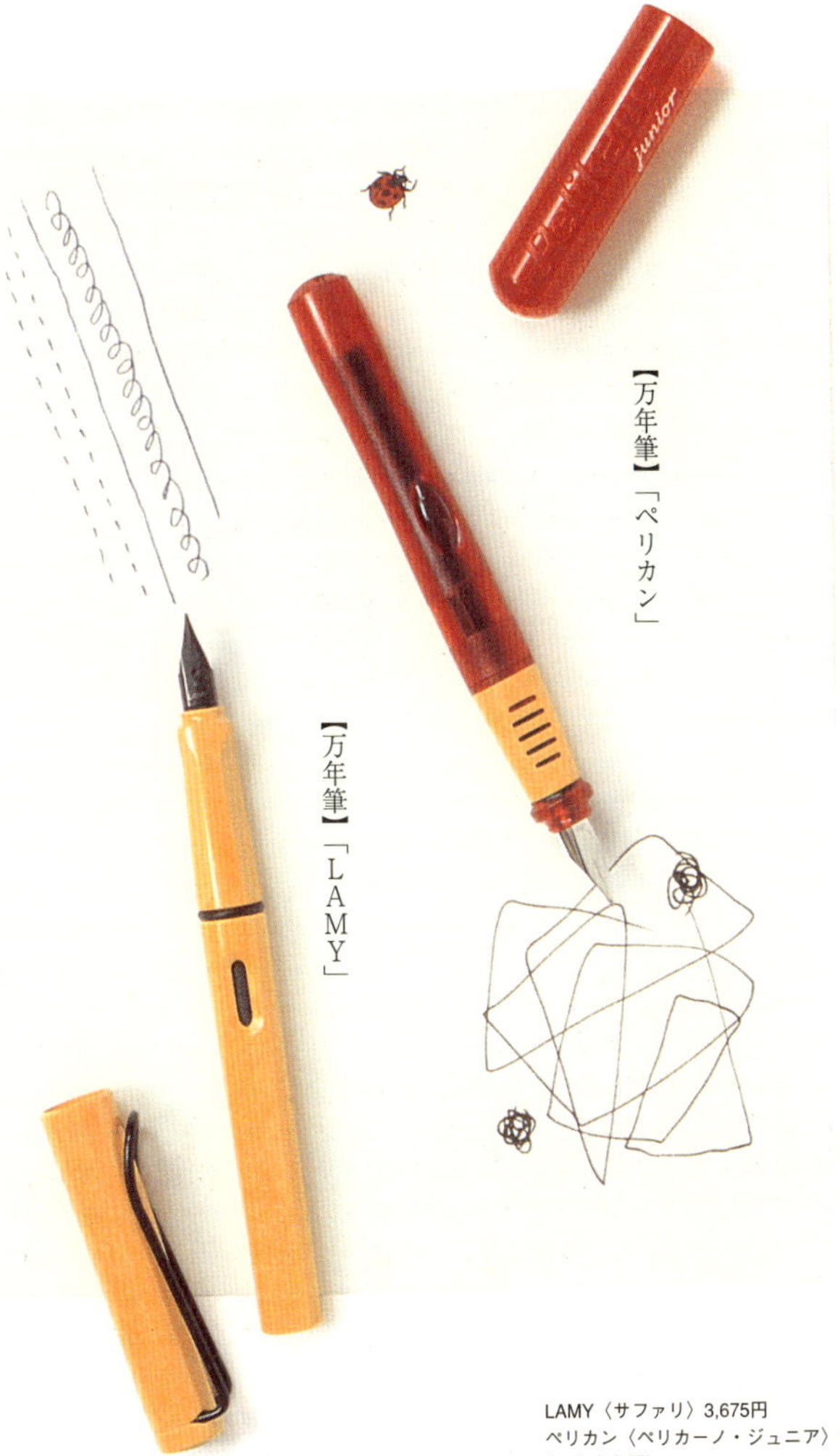

LAMY〈サファリ〉3,675円
ペリカン〈ペリカーノ・ジュニア〉1,260円
（※本文参照）

伊東屋の、むかしのトレードマーク。

社長室にて、伊藤高之さん。

【万年筆】「ラミー」

〈サファリ〉各3,675円（右端のみ5,250円）
1930年創業のドイツの筆記具メーカー・LAMYが、〈サファリ〉を発売したのは1980年。大きなクリップと、ポップかつ深みのある色に惹かれる。ペン先は万年筆には珍しく、黒色。

【万年筆】「ペリカン」

〈ペリカーノ〉各1,575円
〈ペリカーノ・ジュニア〉と同じく、カジュアルな万年筆。絵の具づくりにはじまったドイツの筆記具メーカー〈Pelikan〉が万年筆の製造をはじめたのは、1929年のこと。

者の最初の一本に向いている。

すらすらと書けて気持ち良いし、私は何より、見た目も重さも軽いデザインが気に入った。特に、〈ラミー〉の黄色い万年筆に付いている大きなクリップは、そのデザインの明快さが、色もかたちも違うものの、伊東屋のクリップ看板と近しく思える。

注：『銀座細見』（中公文庫）
安藤更生（一九〇〇～一九七〇）が、二十代の銀ブラ経験を総括し、「銀座学校の卒業論文」として書いた考現学的本。詳細でとても面白い。作者はのち、日本美術史家として名をあげた。残念ながら、絶版。

鳩居堂

銀座は、ひとりで電車に乗れないくらいに幼いころには、母が買いものに出かける際のおまけとして連れられてくる街だった。子ども心にいちばん気に入っていたのは、〈KUROSAWA〉という名の、輸入ものの便箋やカードを扱っていた店。花を生けた大きな花瓶が細い線で描かれた、薄くシックな水色の包装紙も好きだった。赤れんが風のビルの1階と地下にあったその店はいまはもうない。

そのころもいまも母が通いつめているのは、鳩居堂。母は鳩居堂にて購入した、竹を箱型に編み、うるしを塗って、内側には和紙を貼った網代《あじろ》の文箱をいくつも持っており、中に便箋などをストックしていた。大人になったらそうするものなのかと眺めていたが、いまだ自分では真似してはいない。

筆研紙墨皆極精良
封緘印

鳩居堂
TOKYO KYUKYODO

【シルク便箋、封筒】「朝顔」

便箋　12枚綴り／578円、
封筒　5枚／368円
おそろいでも便箋と封筒とでは絵柄をすこし変えているところが心憎い。便箋、封筒は全部で19種。シルクスクリーンのオリジナル便箋第一号は、桜の花びらが散った「花ふぶき」。いまでもいちばん人気がある。

店内に漂うお香の匂いとカラフルな千代紙は、私の二十年ほど前の記憶にもある。鳩居堂の歴史をみると、一九八二（昭和五七）年にいまの店が改築を経て完成したそう、ちょうどその記憶のあたりだ。しかし当時から、むかしからある店、という印象ではあった。

鳩居堂は、一六六三（寛文三）年に京都にて、漢方薬を商う店として開業した。のち、中国から書画用文具を輸入し、販売もはじめる。

宮中御用達の店として、木造平家建の東京出張所が銀座に開かれたのは一八八〇（明治一三）年で、その銀座の店が東京鳩居

【シルク葉書】

各60円　シルクスクリーンのシリーズは、1977（昭和52）年に制作された干支モチーフの葉書からはじまった。くっきり明るい春のチューリップ、繊細に描かれた秋のコスモスと萩。春夏秋冬の花や風物があしらわれた葉書の絵柄はいま全部で約180種。

堂として独立したのは、一九四二（昭和一七）年だそう。

私が鳩居堂の品物の中で最も良いと思うのは、オリジナルのシルクスクリーン葉書である（右ページの写真を参照のこと）。シルクスクリーン刷りの特長として、絵柄にはインクが厚めに盛られるため、すこし浮き上がって見え、書いた文字とコントラストがつく。また、紙の地色に近い淡い色の絵柄も浮き出て見えるのも洒落《しゃれ》ている。余白もちょうど良い。

鳩居堂では、扱っている手紙用品に関しては、オリジナルの品物も、ほかのメーカーなどから仕入れるものも、絵柄がでしゃばっていないことを前提にしているそうだ。それはやはり、使う人が主役だから。

平つか

平つかはとても小さな、粋な店だ。銀座に一軒だけ残る銭湯がある、金春通りに位置する。江戸指物（注）と浅草『助六』（注）の豆玩具、それから、和紙に木版で春夏秋冬の風物を刷った、オリジナルの手紙用品を扱っている。

　私が、平つかの品物をはじめて手に取ったのは、ぽち袋の洒落たのは何かないかしらと探す道中にて。もともと、ぽち袋は「いせ辰」のものをよく使っていたが、そればかりに偏《かたよ》っても面白みがないので。

　何種類かある平つかのぽち袋の中では、かたばみ模様のが気に入った。そう、平つかといえば、「かたばみ」。定番の便箋、封筒、葉書、またぽち袋に祝儀袋に、それからカレンダー、包装紙などにもあしらわれている。かたばみとは「片喰」と書き、ハート型を三つ合わせたかたちの葉が可愛ら

平つかにて、平塚彦太郎さん。

しい、小さな雑草だ。クローバーに似ているけれどまた別の種である。どうしてかたばみなのですか、と平つか三代目の平塚彦太郎さんに訊ねたところ、平塚家の家紋だからとのこと。

平つかのかたばみは、色づかいや配置によって、葉にも、花のようにも見えて面白い。実際、水色のかたばみを三本束ねた柄の便箋は「花束」と名付けられている（53ページの写真を参照のこと）。

一九一四（大正三）年に創業した平つかでは、きものの端切れでつくった袋もの、組紐などを商っていたこともある。それは平塚さんのおばあさんの趣味によるところ

が大きかったそうだ。オリジナルの木版刷りの和紙小物の製作と販売をはじめたのは、一九四九（昭和二四）年からのことである。

注：江戸指物
板を組み合わせてつくる家具。金釘を一本も使わずに、かつ外側からは組んだ箇所が見えないように仕上げる。木目を美しく生かすのも特長。

助六
浅草・仲見世にある江戸趣味小玩具の店。

【便箋】「江戸紫」

30枚綴り／683円
表紙のデザインからまず惹かれる。茶枠の中には白の罫線が引いてある。赤枠の「朱鷺」もあり。

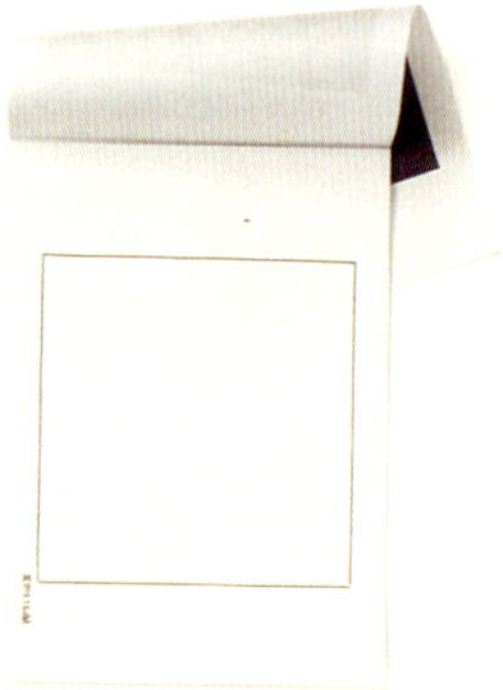

【封筒】「角封」

5枚入り／420円
14cm×10cmのやや小さめサイズが可愛らしい封筒。枠のあしらいかたが粋だ。

【便箋】「花束」

30枚綴り／525円
平つかのトレードマーク「かたばみ」が花のようにあしらわれている。短めの手紙におすすめ。

【豆カレンダーセット】

557円
手乗りサイズのカレンダーとメモ帳のセット。年末年始のあいさつに添えたい。メモ帳には、焦茶色の罫線が引いてある。

【葉書】「椿」「柿の木」

「椿」263円　「柿の木」3枚／580円
シンプルで洒落た絵柄が空想の余地を残すようにあしらわれた葉書は、全部で80種ほどある。店頭には、定番の百合や薔薇のつぼみ、それに加えて、季節ごとのモチーフが並ぶ。こちらは1枚ずつ手で刷った、木版の葉書。深みのある色が特長だ。

月光荘画材店

純国産としてはじめて、コバルトブルーの絵の具を、一九四〇（昭和一五）年に開発したという月光荘画材店。絵の具やパレット、絵筆など魅力的な画材が、小さな店にぎっしりつまっている。私自身は絵を描かないので、それらを道具として自在に使える人がうらやましい。

店の奥へ進んで、ギャラリー（月光荘画材店では「画室」と呼んでいる）の手前には、ユーモアカードや便箋、封筒がある。

前述した通り絵を描かない私は、もとから絵や色が程よくのせられた手紙用品をつい購入してしまう。中でも、『月光荘画材店』の便箋はこれまでもよく使っていた（59ページの写真を参照のこと）。六種それぞれの色に「桜貝のピンク」「雪降る空のグレー」などと名前がついているのもロマンチック

とりかえません
げんまん
5F アツ 1555
スケッチブック

で良い。

この便箋に手紙を書くには、とりたてて用件があるわけでないとき、電話をかけてお喋りするかわりに、という情景が合うと、月光荘画材店二代目の日比ななせさんは話していた。私もそう思う。適度な薄さの紙にも、かしこまらない印象があり、とりとめなく続けて書いていたくなる。

折りたたんで、のり付けしてつくる封筒は、組み立てたら見えなくなるのりしろ部分や切り取り部分に「余白も絵なり詩なり」「愛は信じるもの　美しい涙をあげる」などの言葉が刷られていて、もったいなくて、私は裏に手紙を書き、便箋として使ったこ

月光荘画材店の扉の前にて、日比ななせさん。

ともある。

以上あげた品物はすべて、月光荘画材店のオリジナルだ。かしこまらないものを真摯につくっている店である。一九一七（大正六）年の創業時には、西新宿に店舗があり、画家や詩人たちにとってはサロンのような場所だったそうだ。「月光荘」の名前は、創業者である橋本兵蔵と親交のあった、歌人の与謝野鉄幹・晶子が名付け親である。

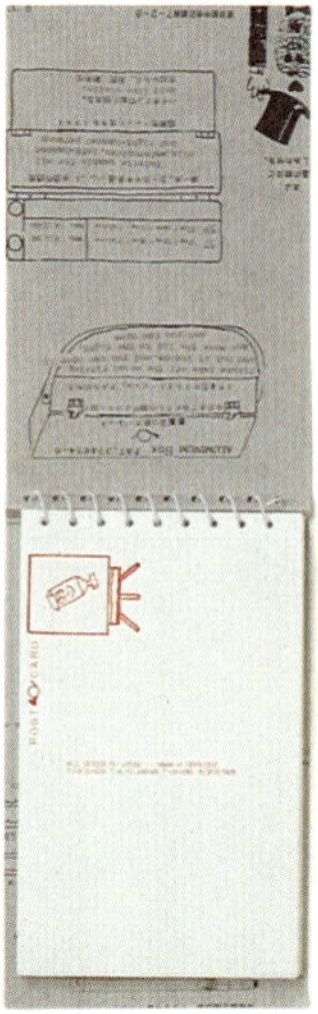

【ポストカードブック】

20枚綴り　325円　ミシン目から1枚ずつ切り取ることができるポストカードブック。切手を貼るべきところにイーゼルがあり、表紙の裏にもメッセージが書かれているなど、細かいところまで凝っている。この店ならではの、背の部分のスパイラルがかくれているデザインもみどころ。表紙にはトレードマークのホルンがあしらわれている。

【ユーモアカード】

各55円　絵と詩のある葉書。数多のバリエーションの中から、届けたい気分に合うものを選べる。右は猪熊弦一郎の作。

【便箋】「五線譜」

【封筒】

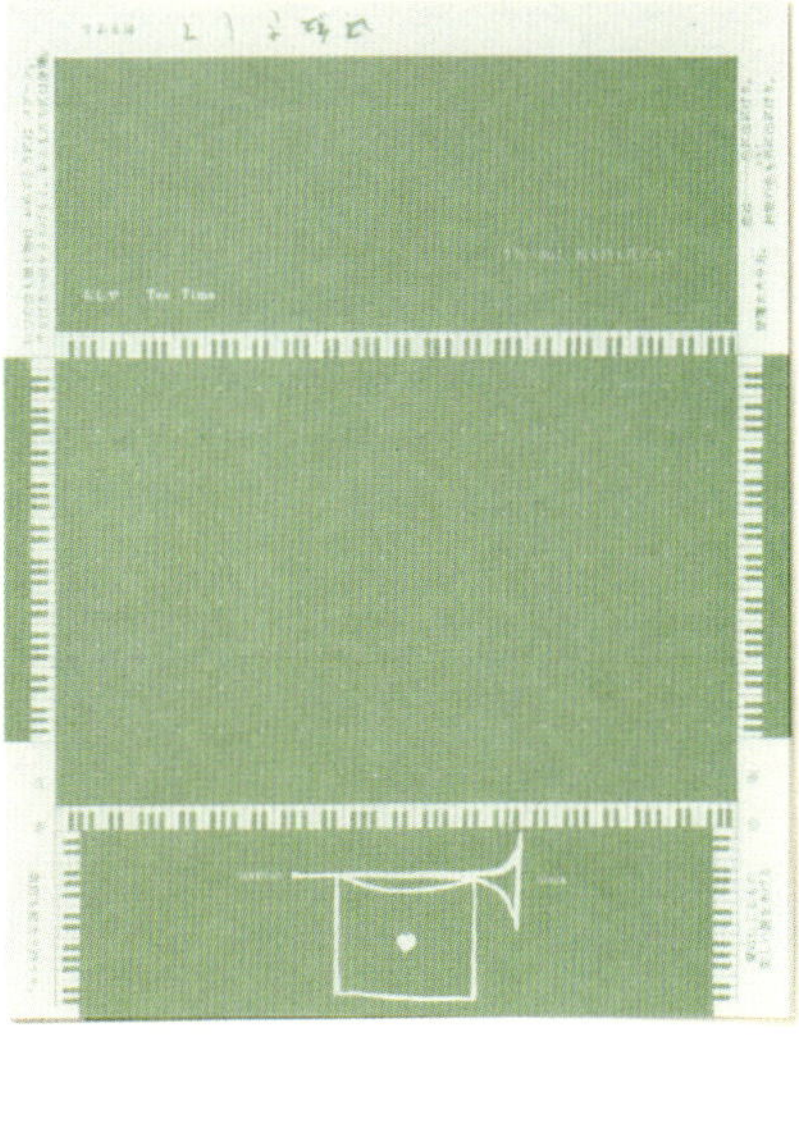

便箋　225円　封筒　225円
「ブローニュの森の緑」「エジプトの砂の黄色」
「桜貝のピンク」「遠い山の紫」「夜のセーヌの
青」「雪降る空のグレー」の全6色がある。便
箋の色も同じく。

二月空

私がはじめて目にした二月空の品物は、五枚組の封筒だった。薄茶色の紙でくるまれていた。厚めの紙でできた封筒を開くと、内側に写真が印刷されているのが見える（62ページの写真を参照のこと）。鳥、家など、一枚ごとに異なる白黒写真。封されて届いてから端を切り、そこからのぞいたときにはまた見えかたが違って、面白いだろうと思った。

ほか、ポストカードなど手紙用品、それからカレンダーと、「二月空」は紙製品を中心に制作をしている。品物のほとんどにはモノクロの写真があしらわれている。写っている景色や風物は、何だかなつかしく見え、どこかで目にしたことがあるような気になる。私だけでなく、きっと見る人は各々の個人的な風景として眺めるだろう。手紙という、これまた個人的な用途に使う

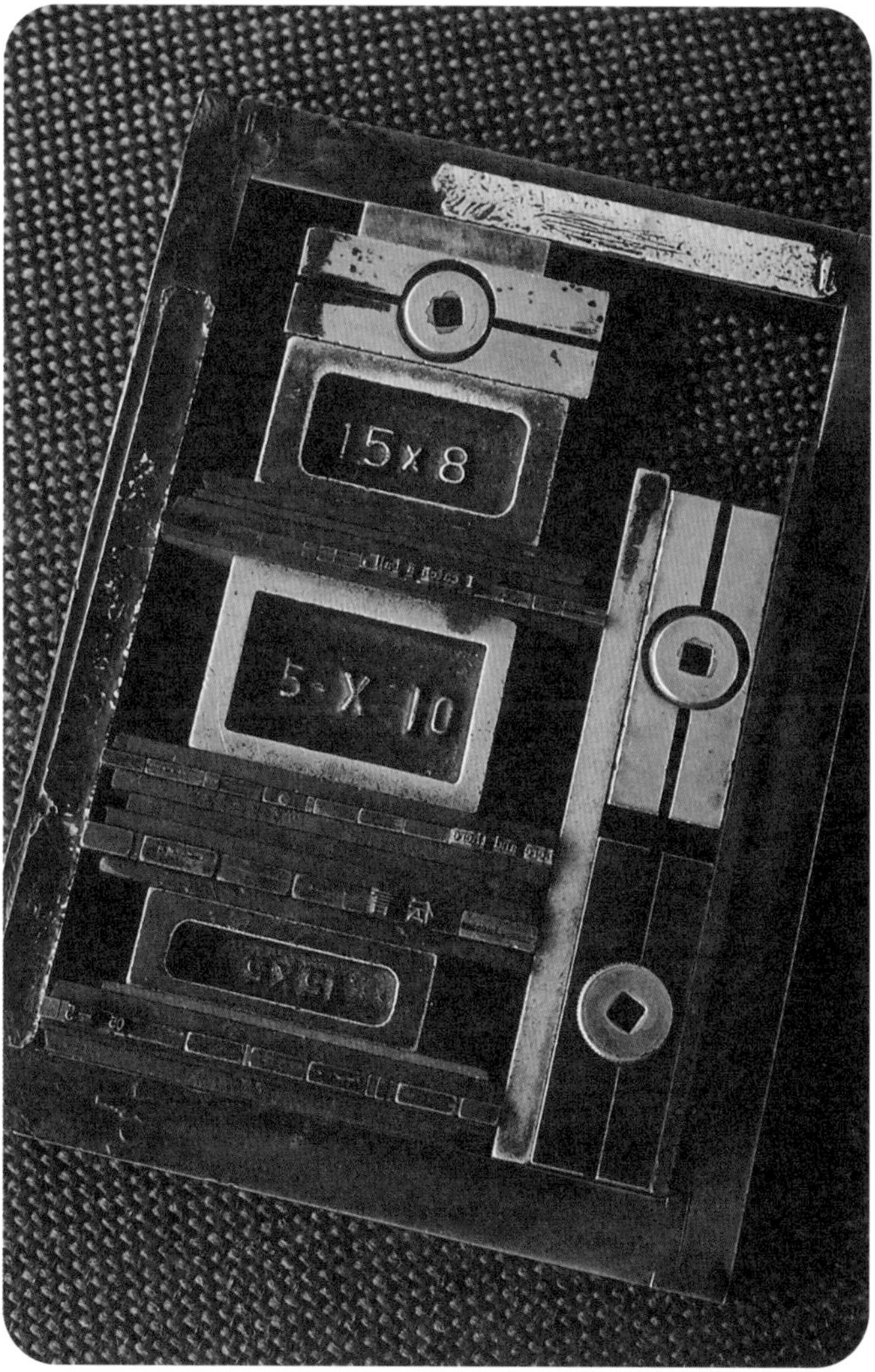

「活字カード」用の版。

【封筒】

5枚組／840円

のにはぴったりだ。

ずっと、どんな人がつくっているのかなと不思議だったけれど、最近、ふたり組のユニットであると知り、またお話をすることもできた。控えめながらきっぱりした話しぶりが、品物にまっすぐ通じている。ちなみに、実際にはおふたりに話を聞いたのだけれど、あえてどちらの言葉かは記さないのは、やっぱりふたりでの二月空だから、と思って。

二〇〇〇年のカレンダーの制作が、二月空のはじまりだったという。「絵としての写真」を一枚と日付けのみをのせて、あとは余白を大切にしてつくりたいと思っていた。

【メッセージチケット】

3枚組／346円

「絵と白い紙と日付けを、ふたりで机の上に並べながら、十二枚を決めていきました。いまもほぼ変わらない作業をしています。お互いが持ちよった写真を選んでいくとき、十二枚の流れの中でテーマのようなことばが浮かんできます。最終的には、そのことばのイメージに合わせていくようにして決めています。前に見た写真の中から、記憶に残っているものをあらためて持ってきてもらうときもあります。写真の束の中から探し出すような決めかたは苦手のようです」

前述した封筒は実は、カレンダーからできている。二〇〇一年のカレンダーを制作したとき、日付けの部分が、指定した色よ

葉書セット　1,260円

りも濃く刷られてできあがってきてしまった。連絡したら、印刷屋さんはすぐ刷り直してくれて、結局カレンダーはできたけれど、大量の印刷ミスの紙の束も残ってしまった。

「しばらく置いておいたんです、何かに使いたいと思って。やさしい紙だし、印刷もきれいだし。あるとき、お世話になっている方が、昔のポスターを使ってすてきな封筒をつくられているのを実際に見て、その紙でまずは自分たちが使うための封筒をつくってみました」

いろいろ折ったり切ったり試してみて、いまのデザインに落ち着いた封筒は、すべ

今年1月の、青山・スパイラルマーケットにての展覧会「もしもし、ひとつぶ」の風景。ちなみに右ページの写真も同じく。

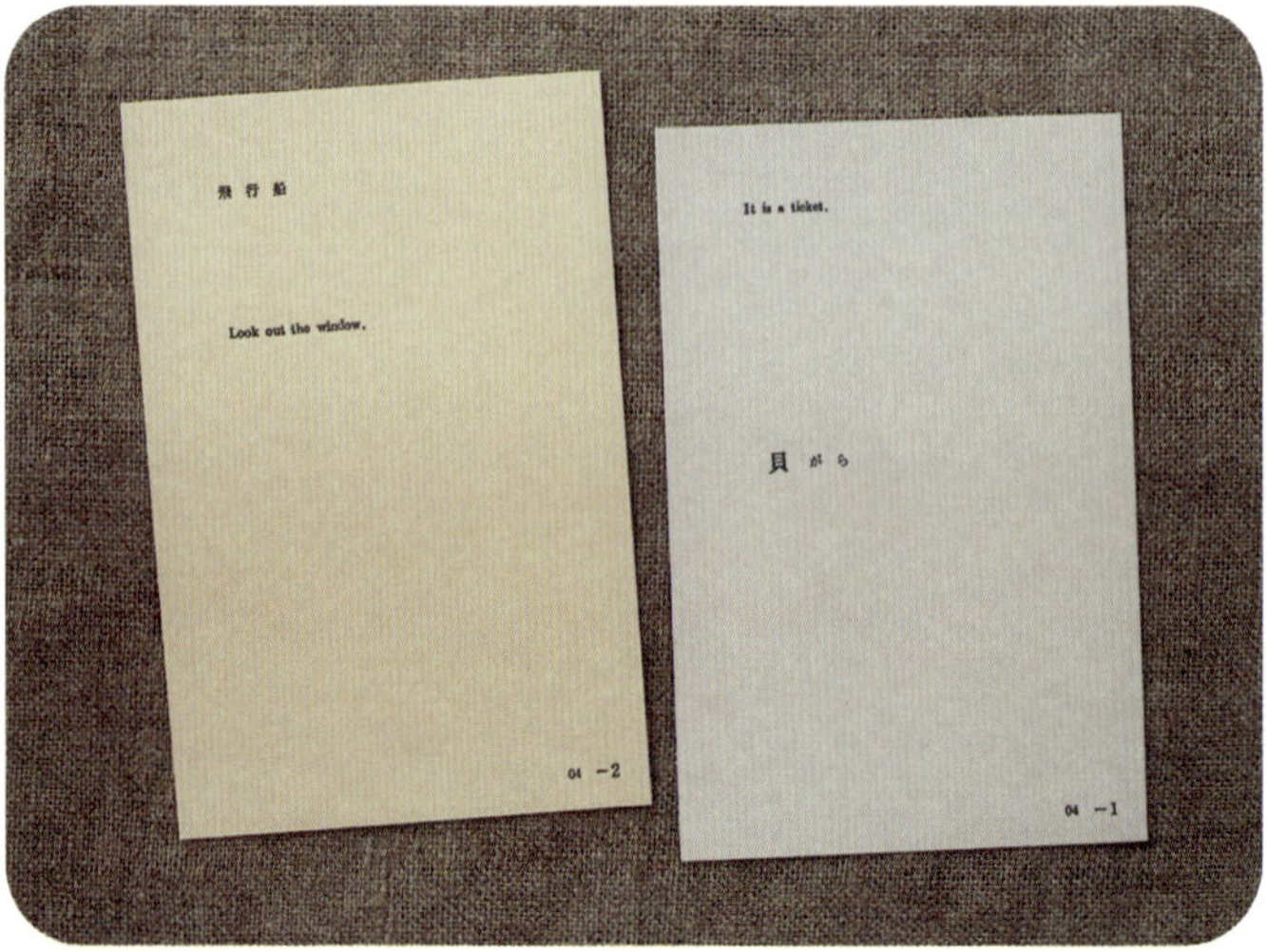
飛行船
Look out the window.
04 −2
It is a ticket.
貝がら
04 −1

て手づくりである。
おわりには、手紙にまつわる品々をつくっている理由について訊ねてみた。
「宛名を書き、ただ一行の言葉を書くだけで、気持ちを伝えることのできる手紙は、大切にしたいもののひとつです。手紙の道具を選ぶ時間、机の上に乗せて相手のことを思い浮かべて手紙を書く時間、相手が封を開けて手に取り、読む時間、その三つの時間をイメージして考えます」

〈ここで買えます〉
東京「イデーショップ」「美篶堂」
埼玉「埼玉県立近代美術館ミュージアムショップ」
※不定期に、展覧会も開いている。

【活字カード】

右ページ上）2枚組／420円
活版印刷。右下の数字をノンブルに見立てている。「ページをめくるようにつくり続けて、まとまったときに詩集のようになればという気持ちがあって、あえてノンブルをつけました」

【ブルーカードセット】

右ページ下）1,050円
少し光沢のある厚めの紙に深い青色で刷られている。私は個人的にいちばん好きな品である。

佐瀬工業所のガラスペン

佐瀬工業所製の竹軸のガラスペンを、昨年末に購入。早速使ってみた。時おりインク瓶にペン先をひたす息つぎみたいな動作が、文章にリズムを持たせてくれる。落ち着ける自分専用の机で、ゆっくりじっくり書くのに向いていると思う。例えば大切な手紙を書くときとか、いや、手紙はどれも大切か。まじめなことを照れずに書ける、という表現のほうが合っているかな。

ペン先のガラスの色が茶なのも渋くて気に入った。しかし、むかしのほうが茶色の発色が濃くてよかったと、佐瀬工業所の二代目の佐瀬勇さんは言っていた。

いま、日本でガラスペンをつくっているのは佐瀬工業所ただ一軒である。

ガラスペンを一九〇二（明治三五）年に開発したのは、佐々木定次郎という人。もともと風鈴職人だったという彼に弟子入り

した佐瀬さんのお父さんが、独立して一九一二（明治四五）年に開いたのが、佐瀬工業所である。質実剛健な見た目の、竹軸のガラスペンは、このころからずっとつくられているものだ。

　ガラスペンの全盛期は、昭和三〇年代。インクが乾燥しなければ葉書一枚程度は書けるので、つけペンの中でもガラスペンが重宝されたそう。

　ボールペンが台頭してきた一九七三（昭和四八）年ごろからしばらくは、需要が減るいっぽうだった。けれど十年ほど前から、佐瀬さんが一九八九（平成元）年に発明した、ペン先から軸まですべてガラスででき

工房にて、佐瀬勇さん。

たひねりガラスペンが、佐瀬工業所の看板商品となって、人気を博している。

ひねりガラスペンの材料となるのは、ガラス棒（73ページの写真を参照のこと）だ。八本の溝があるガラス棒を、バーナーの小さな炎に向かって、両手で持ち、均等にひねりながら模様をつけていく。左右の手を一定の速さで回し続けなければ、繊細に波打った模様はできない。やり直しがきかない、緊張の時間だ。目で見てもわからない。手の勘で覚えるという。

佐瀬さんは、高温になったガラスが触れる左手の薬指には絆創膏《ばんそうこう》を貼り、手袋をはめて、その上から皮のカバーをつけていた。

【ガラスペン】

竹軸セット
上のペン先は蕪形、下は笹型。軸の中心にペン先があるのは、鉛筆やボールペンと同じ構造だ。100年前からこのデザイン。ボールペンが普及する以前、官庁などで使用されていた。ペン先はほかに細、太がある。明治時代からあるラベルをそのまま貼っているところにも味わいがある。ガラスペン入門にいかが。
＊竹軸3本セット（細・中・太）1365円

それでもまだ熱い、しかしもう1枚重ねたら感覚がわからなくなってしまう。眼鏡も、毎日火を近くで見ても目をいためないようにと特別製のをかけている。風が当たると温度が急に下がりガラスが割れてしまうから、夏でも窓は閉め切って作業をする。
ひねりガラスペンはつい、軸の模様にばかり目がうばわれがちになるけれど、「やっぱりペン先がいのち」と佐瀬さんは話す。ガラス棒に溝が深く刻まれていたほうがインクがたまりやすく、書きやすいそうだ。
ペン先を折らないように大事に使えば、ガラスペンはいつまでも使える。だってラベルには「萬年筆」とあるもの。

column 2 紅茶と葉書

二十三歳の一年間、グラフィックデザインの専門学校へ通っていた。装丁家になりたくて、エディトリアル・デザインのコースを選んで。

授業のほとんどは、絵を描く時間。絵の具をむらなく塗るなど、基本的な作業が私はいつまでたっても苦手で、かつ、学校のあった大阪にも、学校の雰囲気にもどうにも馴染むことができなかった。というわけで、二年制のところを途中でやめた。

「よし、やめてしまおう」と決める前、ひとり授業をさぼって、学校の近所の紅茶専門店に隠れていた。


コーヒーを題材にしたフリーペーパーをつくりはじめたころなのに、紅茶の店に通っていたのは、大きな古いビルの地下にあった店の、薄暗い居心地の良さによる。

何をしていたかというと、フリーペーパーの企画案を考えたり、あるいは友達に葉書を書いた。たぶん便箋に向かうと、じりじりした気持ちや学校への文句などをずらずら並べてしまいそうだったから。葉書の面積は、一方的に明るいことを書いても、あるいは暗いことを書いても、あまり押しつけがましくならない。

その店ではオリジナルの葉書を販売していて、何度か買った。いまでも一枚とってある。色鉛筆で、店のオーナーらしき男性がとぼけたタッチで描かれている。シンガポールの女の子による作らしい。

裏返して、宛名と文章を区切る罫線の上には、「紅茶に目ざめた人から紅茶に目ざめた人に送るメッセージ」とある。私は、こってりした味のチャイばかり飲んでおり、ストレートティーはあまり頼まなかったので、「まだ紅茶には目ざめていませんが、こんにちは」など、そのまま手紙の書き出しに流用したものだ。

私が専門学校をやめてから、紅茶の店があったビルは、たぶん老朽化により、取り壊された。のち、移転先にも一度行ってみたけれど、雰囲気はだいぶ違っていたことしか覚えていない。そして、私が紅茶に目ざめたのは、さらにもっとあとのことである。

第三章　手紙と人

あの人は、どんな手紙をくれるかしら。

牧野伊三夫《まきの・いさお》

11歳年上の男友達、画家。

木下綾乃《きのした・あやの》

恋人経由で知り合った、切手収集家の女の子。素敵な線でイラストを描く。

穂村弘《ほむら・ひろし》

彼の書いた本を何冊か読んで、憧れていた歌人。

甲斐みのり《かい・みのり》

学生以上仕事人未満のころから、親しくしている女友達。週に一度は会っている。

各々から届いた手紙をもとに、手紙を書くときに心がけていることや、便箋、封筒、ポストカードなどの選びかた、使っているペンについてなどを訊ねてみた。

牧野伊三夫

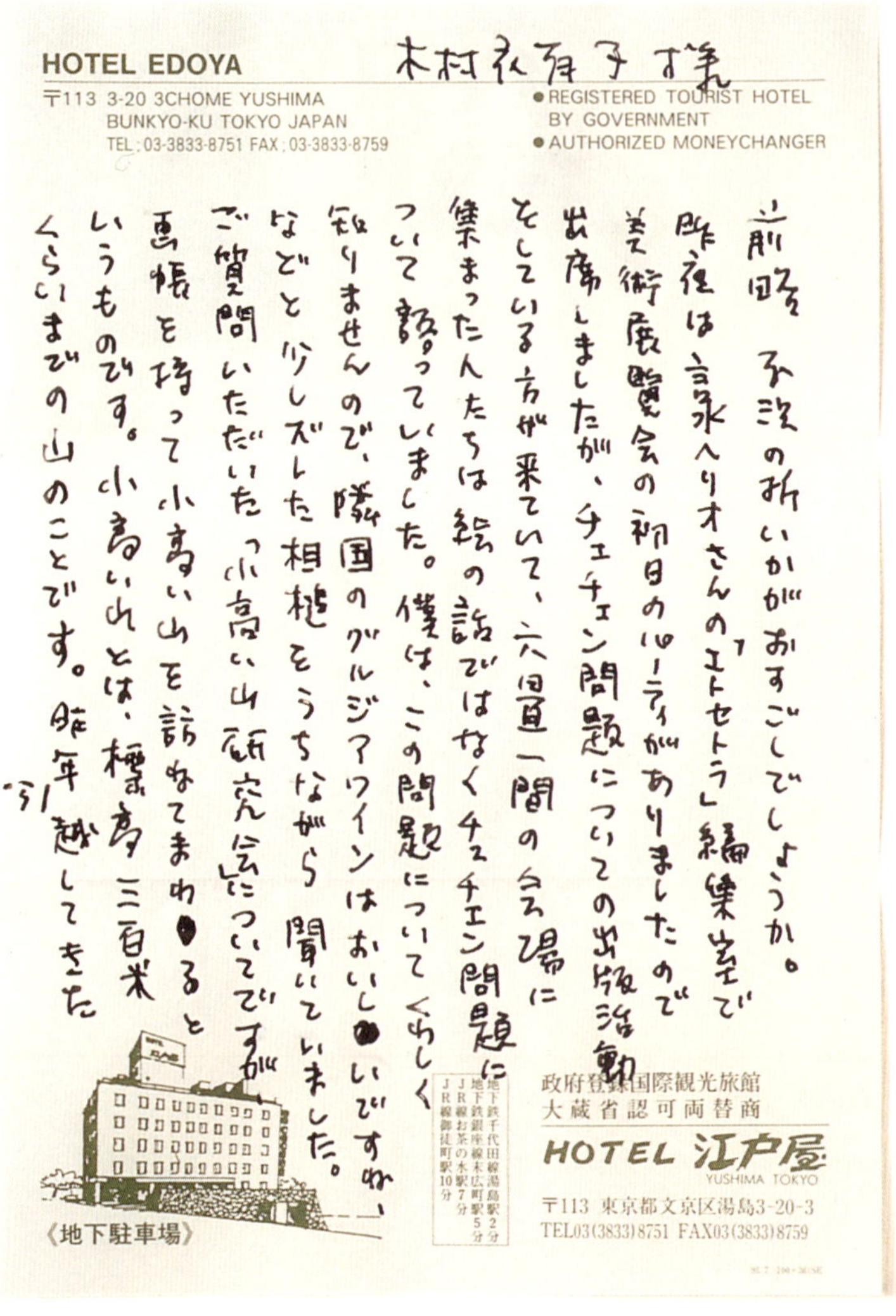

HOTEL EDOYA

〒113 3-20 3CHOME YUSHIMA
BUNKYO-KU TOKYO JAPAN
TEL：03-3833-8751 FAX：03-3833-8759

●REGISTERED TOURIST HOTEL
BY GOVERNMENT
●AUTHORIZED MONEYCHANGER

木村衣有子様

前略
予浪の折いかがおすごしでしょうか。
昨夜は詠へりオさんの「エトセトラ」編集室で
美術展覧会の初日のパーティがありましたので
出席しましたが、チェチェン問題についての出版活動
をしている方が来ていて、六畳一間の会場に
集まった人たちは絵の話ではなくチェチェン問題に
ついて語ってしまいました。僕は、この問題についてくわしく
知りませんので、隣国のグルジアワインはおいしいですね、
などと少しズレた相槌をうちながら聞いていました。
ご質問いただいた「小高い山研究会」についてですが、
画帳を持って小高い山を訪ねてまわると
いうものです。小高いとは、標高三百米
くらいまでの山のことです。昨年越してきた
'91

政府登録国際観光旅館
大蔵省認可両替商

HOTEL 江戸屋
YUSHIMA TOKYO

〒113 東京都文京区湯島3-20-3
TEL03(3833)8751 FAX03(3833)8759

地下鉄千代田線湯島駅2分
地下鉄銀座線末広町駅5分
JR線お茶の水駅7分
JR線御徒町駅10分

《地下駐車場》

HOTEL EDOYA

〒113 3-20 3CHOME YUSHIMA
BUNKYO-KU TOKYO JAPAN
TEL: 03-3833-8751 FAX: 03-3833-8759

● REGISTERED TOURIST HOTEL
BY GOVERNMENT
● AUTHORIZED MONEYCHANGER

湘南地方では こういった山のある風景をよく
見かけます。大きな山に比べると生えている木の
存在感があり、まわりに建つ住宅との調和の具合も
ほどよく、見ていてなごむのです。しかし何故僕がこのよう
な風景を見てなごむのか、ということがわからないので
ひとつひとつ描いてみようと
いう計画です。この会は僕一人の会です。先日、
お酒を持参して同行したいと知人から申し出がありましたが
お断わりしました。自分のペースでゆっくりとまわることが
よいのではないかと思ったからです。
昨晩泊った宿のみがきとコップの包み紙を
同封します。こんどの本に載せてもらえると
うれしいです。お天気がよいのとくつがきれい
なのは気持ちがよいことですからね。それではまた。
二〇〇五、二月二十六日
牧野伊三夫拝

《地下駐車場》

地下鉄千代田線湯島駅2分
地下鉄銀座線末広町駅5分
JR線お茶の水駅7分
JR線御徒町駅10分

政府登録国際観光旅館
大蔵省認可両替商
HOTEL 江戸屋
YUSHIMA TOKYO
〒113 東京都文京区湯島3-20-3
TEL03(3833)8751 FAX03(3833)8759

牧野伊三夫さんは、粋な絵を描く画家である。私がつくった本『和のノート』と『京都のこころＡ ｔｏ Ｚ』では、装画をお願いした。が、仕事相手というよりは、やっぱり友達だと思う。

知り合ってから四年くらいの間に、本の感想などについての手紙を何通かもらった。私はそれらを、自分の手紙の書きかたのお手本にしていた。どんな手紙かというと、ふだんのお喋りより一段丁寧で、基本的な書式をベースにしている。その上で、話題や文字はとんだりはねたり、とても自由だ。

そう、牧野さんの手紙の魅力は、彼の文字にもある。イラストの仕事では、脇に添えた解説文などの手書き文字にもいつも感心するし。私が描いてもらった前述の装画では、図案や取材スケッチだけではなく、タイトルや出版社名も書いてと頼んだものだ。

牧野伊三夫
画家。1964年生まれ。鎌倉市在住。
広告制作会社サン・アドを退社後、画業に専念。個展を中心に活動。美術同人誌「四月と十月」同人。数多の書籍や雑誌の装画を手がける。昨年『素描集　湘南の商店街』を自費出版。

日常的に、手紙を書くときなどに牧野さんが使っているペンは、万年筆の代名詞のようなドイツのメーカー「MONTBLANC」の堂々とした万年筆だ（左ページの写真を参照）。太いのと細いのを二本使いわけていて、どちらも伊東屋にて購入したもの。太いほうにはブルーブラック、細いほうにはブラックのインクを詰めている。

牧野さんが万年筆をはじめて買ったのは、大学を卒業してデザイン会社に入ってからすぐ、二十二歳のとき。仕事相手への手紙や企画書などの、きちんとした文書を書く必要ができ、それにはボールペンは向かないと、〈セーラー万年筆〉のいちばん安い万年筆を、本と文具の老舗・丸善にて購入した。のち、会社の先輩が皆使っているのを見て、モンブランの万年筆も買ってみた。以降はモンブランに愛着がわいて長いこと使っていたけれど、近頃は重たく感じるようになり、再びセーラーの万年筆を使っているそうだ。ちなみに、セーラー万年筆は、一九一一（明治四四）年に、広島は呉で創業したメーカー。戦後すぐに、ボールペンを発売したことでも知られている。

牧野さんのいま愛用中の便箋も、丸善オリジナルのものである（86ページの写真を参照）。「どうして丸善なの」と訊ねたところ、まず「梶井基次郎が好きだから」と前置きし、「歴史もあるし、お店の骨がしっかりしている。ちゃらちゃらしていないから」と牧野さんは答えた。

丸善の便箋の前には、日本橋・榛原製の、赤い線が入ったものを使っていたそう。気に入ったら同じ便箋を十冊、十五冊とまとめて買っておく。短く

MARUZEN
STATIONERY DEPT
丸善文房具
¥250

Letter paper
MARUZEN TOKYO
GLORY
MARUZEN'S
9000
WRITING TABLET
MARUZEN CO., LTD.
TOKYO

書いても失礼にならない、行が少ないタイプを選ぶ。罫が手描きでデザインされていて味がありすぎるものは好みではない、と言う。

今回もらった手紙は、その基準とはまた違う、前の晩に泊まったというホテルにあった便箋だ。牧野さんの文字に似合っている。届く前の日に、私の住所を訊ねる電話が彼からかかってきたことと、消印から、ホテルの近くで投函したと察せられ、ちょっとした旅情も加わっていてうれしかった。

個展の案内状や年賀状といった、数多《あまた》の人に送る葉書にも、個人的な手紙と同じくらい、牧野さんらしさというものがちゃんとのっかっている。展覧会が終わったあとには、「ご来廊いただき、ありがとうございました」と記された葉書も、観にいった皆に届けられる。

最近の個展の案内状など。スタンプによる抽象画があしらわれた茶封筒は、私が個人的にもらった手紙。

木下綾乃

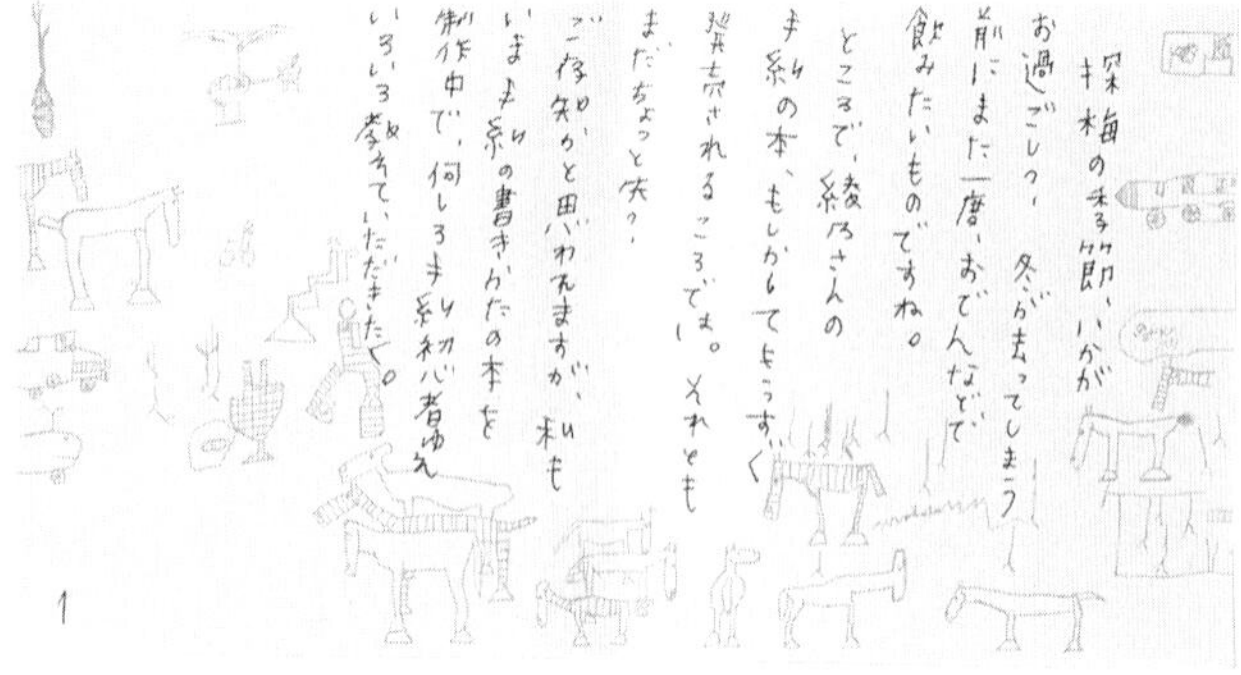
探梅の季節、いかが
お過ごしで、冬が去ってしまう
前にまた一度、おでんなどで
飲みたいものですね。
ところで、綾乃さんの
手紙の本、もしかしてもうすぐ
発売されるころでは。それとも
まだちょっと先？
ご存知かと思われますが、私も
いま手紙の書きかたの本を
制作中で、何しろ手紙初心者ゆえ
いろいろ教えていただきたく。
1

例えば目次など、どんな風な
事柄が並んでいるのか、
お聞かせ願えると幸いです。
それと、特にあなたに
聞きたいのは、切手のこと。
いつも珍しいものを貼って届けて
くれるので楽しいです。あれらは、
主にどのあたりで入手しているの
でしょうか。もし内緒だったら、
それもまた良しで、無理には
聞き出しませんが。
2

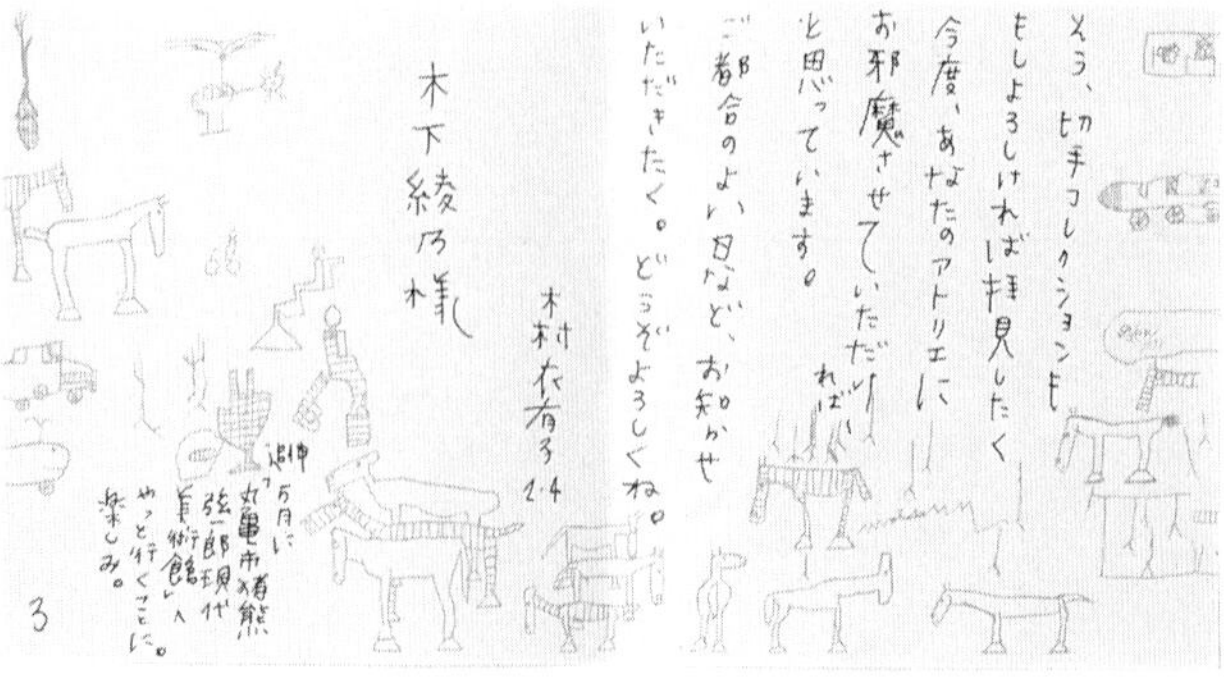
そう、切手コレクションも
もしよろしければ拝見したく
今度、あなたのアトリエに
お邪魔させていただければ
と思っています。
ご都合のよい日など、お知らせ
いただきたく。どうぞよろしくね。
木村衣有子 2.4
木下綾乃様
追伸 5月に 丸亀市猪熊弦一郎現代美術館へ やっと行くことに。楽しみ。
3

木下綾乃さんに会うより前に私は、彼女の作り出したキャラクター「北古賀二郎」に会っていた。

北古賀二郎は、切手収集家。たぶん年齢は三十五歳くらい。切手時計（そんなものないと思うけど）をはめているくらい、切手が好き。会社勤めをしていて、仕事内容は、外回りの営業のようだ。その合間に、ふらっと切手屋さんに立ち寄ったりもするような、のんきな質だとか。名前は、綾乃さんがとても好きだったおじいさんの名前を借りたそう。しかし、おじいさん自身が切手収集をしていたわけではないらしい。「切手商に切手を買いに行ったときにまわりにいる、ひとりで切手を見てるおじさんたちをちょっと興味深く思って」――彼らをイメージして描いたという。

昨春、彼女が自費出版した、北古賀二郎が主人公の絵本『切手な北古賀』の表紙には、本物の切手が貼ってある。二日に一通は手紙を書くという彼女から、時折届く

絵本『切手な北古賀』

便りも、まず切手に目がとまる。一九六〇、七〇年代の、グラフィカルな切手が何枚かにぎやかに貼られている（上の写真を参考のこと）。

たいてい封筒は真っ白な〈ELCO〉というメーカーのもの。紙箱に百枚、二百枚とざくざく詰めてあり、気兼ねなく仕事用に使えることも気に入っているそうだ。開くと見える、青灰色の地に細かく散った模様もシックだ。封緘シールもついている。エルコは、一九〇〇（明治三三）年に創業したスイスの文房具メーカーで、カラフルな便箋やノートなども製造している。

さて、その封筒から出てくる便箋はどんなデザインかも、気になるところ。紹介している手紙はこの上なくシンプルな、真っ白な便箋に書かれていたが、これまでにもらった手紙も、やっぱりシンプル。色や柄、何かしらひとつポイントとなる部分はあっても、ふたつ、みっつとは続かない。それは、綾乃

木下綾乃
イラストレーター、切手・文具・はんこコレクター。
1976年生まれ。東京・下北沢在住。
雑誌や書籍の挿画を中心に手がける。著書に、『手紙を書きたくなったら』がある。
http://kiino.net

衣有子さま

こんにちは。少しごぶさたしていますがお元気ですか。
素敵な便せんのお手紙ありがとう。弦一郎だね。
わたしの手紙の本は、3月25日頃出版される
予定です。内容は、わりと個人的なことで…
祖母からもらった手紙の話、恋人に書いた手紙、
手紙の出てくる本の紹介… 手紙に関するエッセイ
のあと、切手のコレクションや収集グッズ紹介
が続きます。あなたの得意(そう)な和のもの、
手紙のルールは、ないです。今度、教えてね。
切手の入手先ですか。実は今、私の中で渋谷が
一番になっています。マンションの一室でオーナーが
ひとり、ヒンジをなめているような、魅力的な
切手商を見つけたのです。外国切手はここで
買います。そして今回のオリンピック切手のような
日本の古い切手は、宮益坂にいいお店が
あるのです。渋谷がいいだなんて、意外よね。

切手コレクションも、ほんとうの収集家の方から見たら
なんの分類も研究もされていず、数もささやかな
ものですが よろしければ どうぞ。
3月に入れば、仕事も ひと段落しますので。
鍋の季節は過ぎるけど、やきとりの良い店が
下北沢 一番街にあるので、帰りには
飲みに連れていきます。
それでは また。その時を楽しみに。

'05.2.14　　　　木下 綾乃

P.S. 丸亀市の美術館、羨しい話！
うどんも食べれるしね。
私も今年こそ直島に行きたいと
思っています。

P.S.S 封筒の名前と住所は、自分で
活版で刷りました。ジマンです。

写真上／手紙用品は、パリの蚤の市で購入したトランクに入れてある。
写真右下／部屋の一角にある切手コーナー。
写真左下／日本切手コレクション。

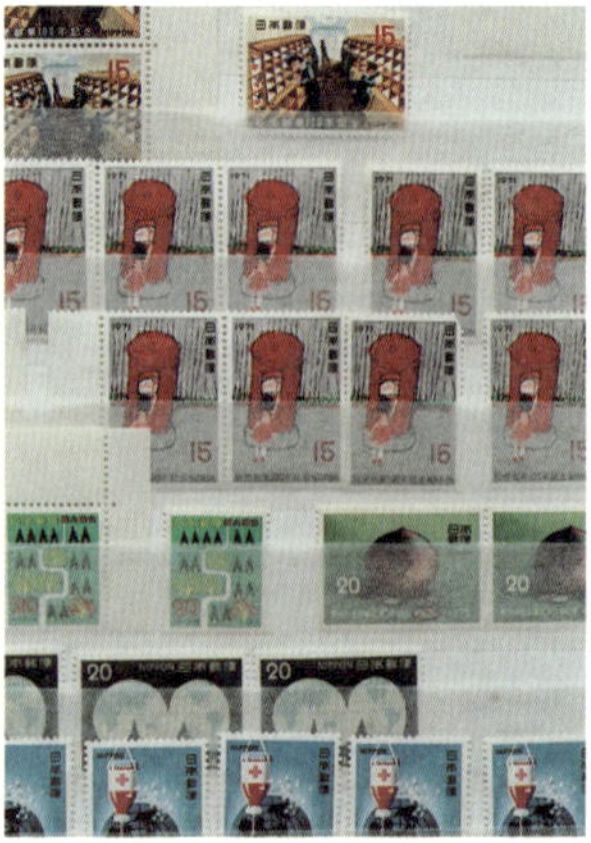

さん自身が、絵を描く仕事をしているから？

「そうかもしれないですね。無地の中に、ハッとなるような、ちょっとした特長があると、買っちゃいますね。白い、無地の封筒や便せんに、古切手を貼ったり、絵を描いたりして、自分らしくするのが好き。絵の入っているので選ぶのは、本当に月光荘画材店のものくらいです」

出版されたばかりの、彼女のはじめてのエッセイ集『手紙を書きたくなったら』には、そういった手紙と切手の話が満載。１２８ページで紹介しているので、そちらも後ほどご覧ください。

穂村 弘

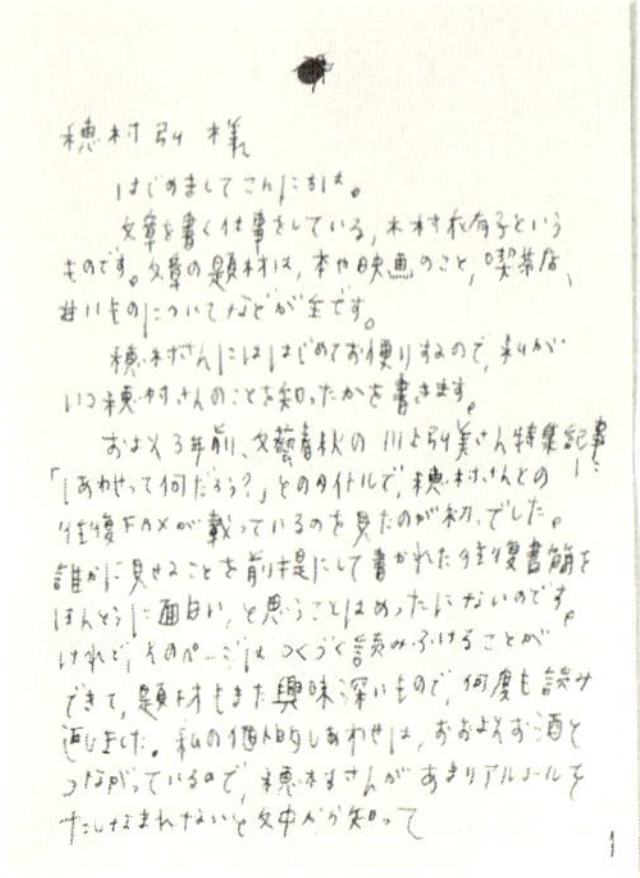
穂村弘 様
はじめましてこんにちは。
文章を書く仕事をしている、木村衣有子という
ものです。文章の題材は、本や映画のこと、喫茶店、
甘いものについてなどが主です。
穂村さんにははじめてお便りするので、私が
いつ穂村さんのことを知ったかを書きます。
おおよそ3年前、文藝春秋の川上弘美さん特集記事に
「しあわせって何だろう？」とのタイトルで、穂村さんとの
往復FAXが載っているのを見たのが初めてでした。
誰かに見せることを前提にして書かれた往復書簡を
ほんとうに面白い、と思うことはめったにないのです。
けれど、そのページはつくづく読みふけることが
できて、題材もまた興味深いもので、何度も読み
返しました。私の個人的しあわせは、おおよそお酒と
つながっているので、穂村さんがあまりアルコールを
たしなまれないと文中から知って
1

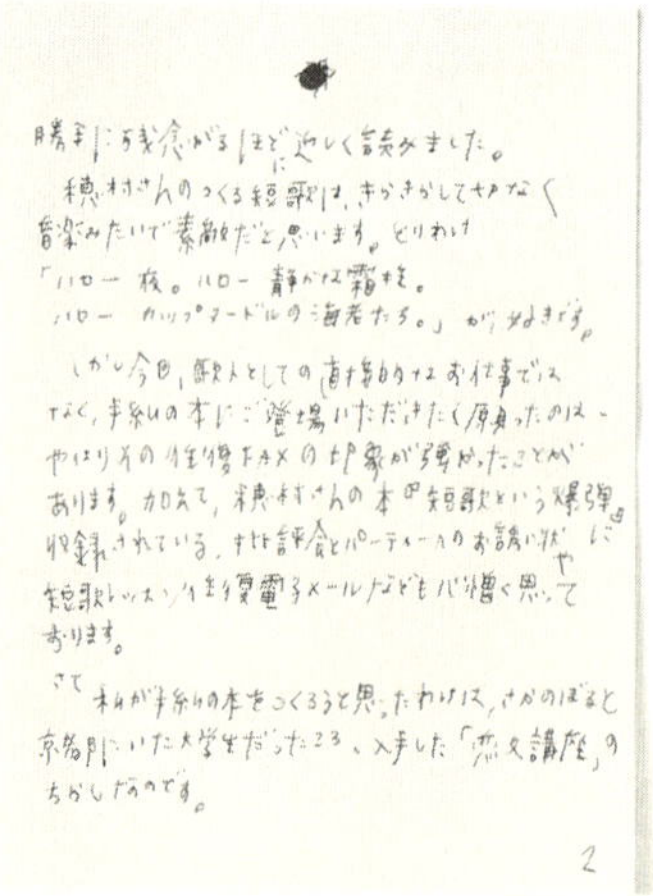
勝手に残念がるほどに近しく読みました。
穂村さんのつくる短歌は、きらきらして切なく
音楽みたいで素敵だと思います。とりわけ
「ハロー 夜。ハロー 静かな霜柱。
ハロー カップヌードルの海老たち。」が、好きです。
しかし今回、歌人としての直接的なお仕事では
なく、手紙の本にご登場いただきたく願ったのは、
やはりその往復FAXの印象が強かったことが
あります。加えて、穂村さんの本『短歌という爆弾』に
収録されている、批評会とパーティーのお誘い状や
短歌レッスン往復電子メールなども心憎く思って
おります。
さて
私が手紙の本をつくろうと思ったわけは、さかのぼると
京都にいた大学生だったころ、入手した「恋文講座」の
ちらしなのです。
2

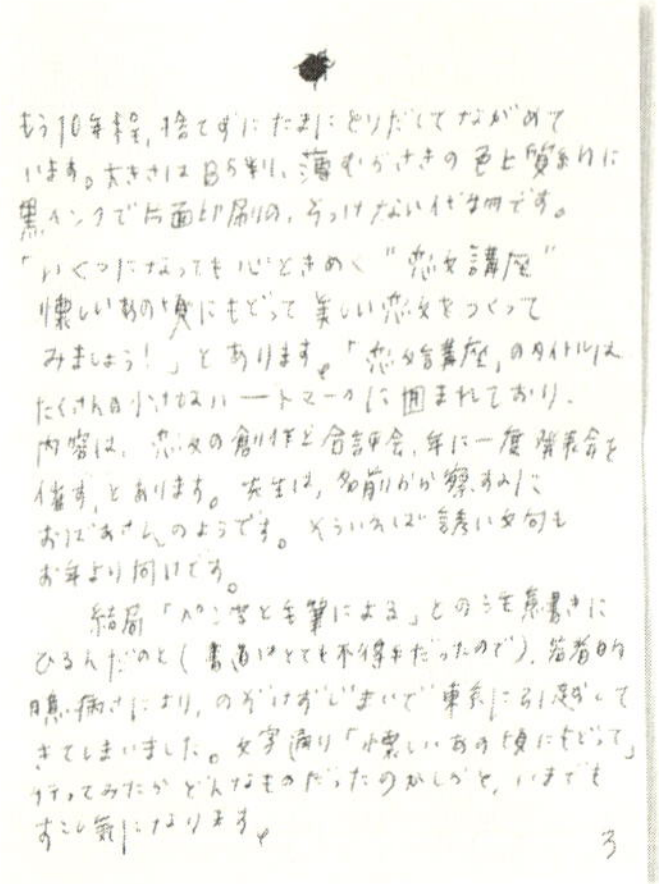
もう10年も、捨てずにたまにとりだしてながめて
います。大きさはB5判、薄むらさきの色上質紙に
黒インクで片面印刷の、そっけない代物です。
「いくつになっても心ときめく"恋文講座"
懐しいあの頃にもどって美しい恋文をつくって
みましょう！」とあります。「恋文講座」のタイトルは
たくさんの小さなハートマークに囲まれており、
内容は、恋文の創作と合評会、年に一度発表会を
催す、とあります。先生は、名前からするに
おばあさんのようです。そういえば誘い文句も
お年より向けです。
結局「ペン字と毛筆による」とのうち毛筆書きに
ひるんだのと（書道はとても不得手だったので）、経済的
事情により、のぞけずじまいで東京に引越して
きてしまいました。文字通り「懐しいあの頃にもどって」
行ってみたらどんなものだったのかしらと、いまでも
すこし気になります。
3

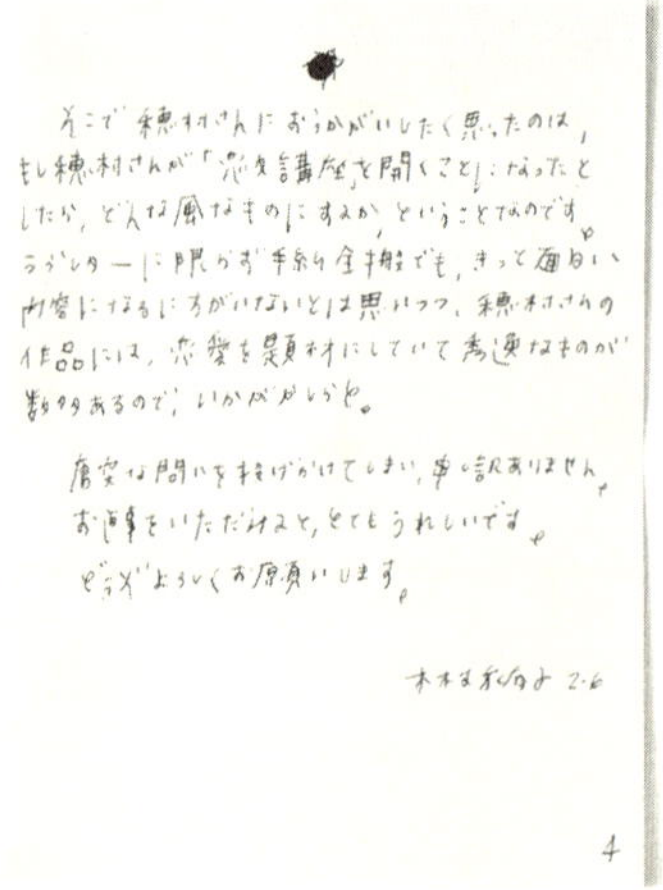
そこで穂村さんにおうかがいしたく思ったのは、
もし穂村さんが「恋文講座」を開くことになったと
したら、どんな風なものにするか、ということなのです。
ラブレターに限らず手紙全般でも、きっと面白い
内容になるにちがいないとは思いつつ、穂村さんの
作品には、恋愛を題材にしていて秀逸なものが
数多あるので、いかがかしらと。
唐突な問いを投げかけてしまい、申し訳ありません。
お返事をいただけると、とてもうれしいです。
どうぞよろしくお願いします。
木村衣有子 2.6
4

穂村弘さん曰く、ラブレターの成功率は、五％ほど。

さみしい。が、そんなものかもしれない、とも思う（経験上）。書き上げ、渡すまでに張りきりすぎて力尽き、なんだかひとつ目的を達成した気になってしまうのが、ラブレターの落とし穴でもあるから。

続けて穂村さんは、「たとえ目的成就のために、どんなに冷徹になったとしても、五・五％に上がるくらいだろう」と言う。しかし、手紙の中では、なんとか〇・五％上げる作戦をまじめに考えてくれた。どうもありがとうございます。

ラブレターの中で表明するべき恋心の割合について、付け加えると、「手紙の中の一言だけがラブレター、というのが最も機能的ですね、一通目は。完全に事務的な手紙の一行、一文字だけに微妙なラブレター性がある手紙が、いちばん確かです」

奥ゆかしい。そういう仕掛けのある手紙をもらいたい、そしてちゃんと気付きたいものである。

こんなに真摯なアドバイスをくれるのに、穂村さん自身は、実際にはあまり手紙を書かない。どうしてかというと、自分自身が納得できる手紙が書けないから、らしい。

あくまでも手紙の内容ではなく、見た目について。封筒のどのあたりに住所を書けばバランスが良いか、どんな大きさの切手をどこに貼れば素敵に見えるか、ひとつひとつがちょっとずつずれると、結果として美しくない手紙になってしまうという。

「どこかひとつでも手を抜けないから、苦しいです。そもそも字が汚いし、せっかく上手くいっていたのに、最後の封緘で失敗するとか、ほんとうに絶望しますよね」

「綺麗なものがつくれることへの憧れ」についての話とともに、彼が集めている数多のカードを見せてもらった（１０３ページの写真を参照）。「綺麗な

穂村弘
歌人。1962年生まれ。東京・西荻窪在住。
著書に、歌集『手紙魔まみ、夏の引越し（ウサギ連れ）』『ラインマーカーズ』、短歌入門書『短歌という爆弾』、エッセイ集『世界音痴』『現実入門』などがある。

お手紙ありがとうございました。

お返事が遅くなってごめんなさい。


「恋文講座」のちらし、拝見しました。

「恋文の創作、合評会」、それから「一年に一回、発表会」って凄いですね。

なんか、僕の知ってるラブレターとは機能がちがってるような……。

「もし穂村さんが『恋文講座』を開くことになったとしたら」

とのお尋ねですが、うーん、どうだろう。

知人に国語の先生になって授業で生徒たちにラブレターを書かせるのが夢、というひとがいますが、僕だったら

- まず実際に恋文を書いて貰う。
- 次にそれを渡したい相手の像、及び現在の自分との関係性をみんなの前で詳しく語って貰う。
- そのデータをもとに講座の全員で手紙の内容を検討して意見を云い合う（あ、これが「合評会」か）。
- それを反映した結果、講座の総力を結集した手紙が一通できあがる。
- 実際に出すも出さないも本人の自由。

こんなスタイルでしょうか。

「恋文」の内容についての具体的なアドヴァイスとしては、関係性のケース・バイ・ケースは考えないものとして以下のようなことを

- 一発（とは数えないか…一通ですね）で関係性を決めようとするような強い手紙は逆効果。

- 手紙のやり取りのなかにさり気ない疑問文を混ぜてゆく。但し「?」ではなく「。」で終わる。そのまま流してくれてもいいという角度で、言葉を渡していく。
- 一通の手紙のなかで一人称を変化させる。親しい口調のなかに不意に敬語を交ぜる－など内容とは別の文体レベルでニュアンスを伝える。
- 実際に会ったあとには「楽しかった。ありがとう」を。また相手への褒め言葉は「とても素敵でした」のように真っ直ぐに手渡す。感情表現はシンプルに素直に。
- 「よかったら、また誘ってください」の「よかったら」的な枕詞(?)を忘れない。まだ関係性ができていないことを前提に進めないとその確立は難しい。
- 関係性確立への基本ルートは、こちらの気持ちの伝達などではない。どんなにうまく気持ちを表現してもうまくいくとは限らない。「恋文」はこちらの想いを伝えるためのものという発想を捨てる。
- 「恋文」は相手の真の姿を発見して、それを本人にフィードバックするためのもの。好意はその過程で生まれる。
- 関係性確立のために必要なのは、相手の個別性の発見と尊重である。まず、相手の価値観に興味を示す。次に、過去の実績や現在の状況を好意的に評価する。さらに未来への期待を語る。この流れのなかで、最終的には、彼(もしくは彼女)自身が気づいていない相手の魅力や長所や可能性を発見することを目指す。そのひとの

輝きの源を掴んで、言葉で「それ」を本人にフィードバック
することができたとき、「恋文」はその目的を果たしているだろう。
ひとは未知の自分をみつけてくれるひとを愛するからだ。

う〜ん、どうでしょう。
なんか、最後の方、熱いですね。
何があったんだ、俺。

「手紙を書く生活」って面白い企画ですね。
声をかけて頂けて嬉しいです。
『京都カフェ案内』『和のノート』もとても素敵でした。
あのセンスでまとめられる手紙本、楽しみです。
お住まいも近いようですから、よかったら、今度、御飯
でもいかがですか。
お話できるのを楽しみにしています。

木村衣有子様

穂村弘

紙」への興味からはじまった収集は、近頃は加速気味らしい。和洋折衷で、新品も、誰かに宛てて使用済みのカードも混在している。気まぐれで、カラフルで、可愛らしく、ちょっとへんてこなコレクションだ。日本の、大正から昭和初期にかけての絵葉書が多い。いまより情報量がだんぜん少ない状況

穂村さんが使っているペン群。（左から2番目）ふだん手帳に差している銀の0.5のロットリングを、いちばんよく使っているとのこと。

で、とぼしい資料と本人の感覚だけを頼りに描かれているゆえ、スケールがおかしかったり、形がゆがんでいたり、モチーフも「天女と工場の煙突」や「鵜と戦闘機」など異質なもの同士が組み合わされていたりする。いまのアーティストが意識的にデフォルメするのとはやっぱり違って、穂村さんはそこにわくわくする。

とにかくこれらカード、あるいは古本など「綺麗な紙」を買って眺めていると幸せになるという穂村さんは、「散歩して、紙を買って、コーヒーを飲んでいると、それでもう人生のファクターが完結してしまうような領域にだんだん入ってきているんです」と話しながら、ほんとうに幸せそうだった。

甲斐みのり

ビドの新しいポストカードを真似て、ピンク地に黒インクで書きます。

みのりがこの手紙を見るのは、京都小旅行より戻ってきてから、でしょうか。私は今日この頃は、手紙の書きかたの本の仕事に、手紙教室にもいまだ通わぬまま着手し、知恵熱を出したりしています。

そんな中、きっと私の数十倍は郵便制度を利用していると思われるみのりは、日々手紙を書くとき、どんなことを心がけているのかと気になっています。些細なことでもかまわないので、今度聞かせて下さい。むしろ、手紙というもの自体が、些細な事柄のつみあげでできていると思うので。

それから、みのりの詩「可愛いポスト」についてや、村上春樹の『カンガルー日和』に入っている短編、そして幻の京都の恋文講座などのこと、あらためて話してみたいです、近々。

お返事、お待ちしております。

木村衣有子　2.4

甲斐みのり様

甲斐みのりは、便箋も封筒もいろいろ持っていると知っていたから、あえて〈月光荘画材店〉のスケッチブックを切り取って手紙を書いてきたのが、ちょっと意外に思えた。

十代の頃の甲斐みのりの趣味は、手紙を書くこと。「百枚便箋」をつくることに夢中になっていた。「フェリシモ」という通信販売メーカーで売られていた、一枚一枚違うデザインが百枚綴られた品を真似して、とはいえデザインは独自のもので、ベースにはスケッチブックを使い、穴開けパンチで小さな円型の紙を大量生産してコラージュしたり、絵の具でチェックとか水玉などの模様を描いたりと、凝っていた。

その上に、割箸の先を鉛筆削りでとがらせた、割箸ペンで手紙を書いていた。インクは、ボトル入りの墨汁で。

「中学校の図工の時間に、電動鉛筆削りで割箸を削って、ペンをつくりました。それで友達の肖像画を描いたんです。でも、私はとにかく絵が苦手だっ

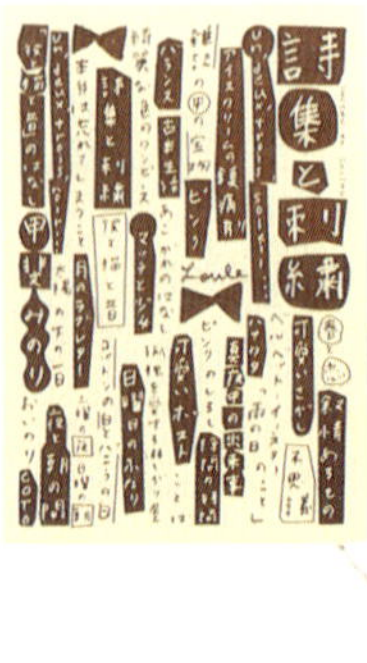

写真右／みのりが主宰しているブランドのキャラクター、「Bid《ビド》」のラブレター型のヘアゴム。　写真左／詩集『詩集と刺繍』

甲斐みのり
ディレクター、文筆家。1976年生まれ。東京・中目黒在住。
1999年より、雑貨ブランド「Loule《ロル》」を主宰。著書に、詩集『詩集と刺繍』がある。
http://www.loule.net

木村 衣有子 様

拝啓

女心というものは、幾分かの負けん気でできているものなのですね。木村さんから、カレンダーを張り合わせてつくった封筒と、ピンク色の便箋でいただいた手紙の返事を、私はしばらく、「どんなことを書こうか」ではなくて、「どんな封筒と便箋を使い、どの切手を貼ろうか」ということばかり考えていました。そうして、高校生のときに愛用していた割り箸ペンをひっぱり出し、一文字づつゆっくりと、紙に文字をおさめていきます。「木村さんに喜ばれる手紙の返事を」というのは、ある意味はり合いであって、それは女性にとっていつまでも必要な精神だと思います。

すでにご存知のとおり、先月私はインフルエンザにかかり、結局京都小旅行には行けず仕舞い。年明けからずっと、東京の空の下。本当は、旅先から手紙を出したかったのですが、東京の消印にてごめんあそばせ。

私が1日に数回、郵便局に足を運び、郵便制度をふんだんに利用しているのは、「通信販売」という業務のためなのですが、なにかにつけ私は、郵便制度が好き。とくに、ポストという存在。真っ赤な箱が街中いたるところにあり、しかもその箱の中身は守られている。なんだか、人の気もちをあずかるポストのことを、ときどき愛しく感じます。私が書いた「可愛いポスト」という詩について言及いただきましたが、あれは、恋文というほどのものでもない手紙を、想い人に宛て出すため、夜ポストに向かったときの心情を、そのまま言葉にしたものです。

「恋をすると、電話でもメールでもなく、手紙を書きたくなる」これはずっと昔から、少女時代からかわらぬ私の心もち。

数年前、私たちは一緒に、手紙のムックの仕事をしましたね。あのとき私は、「物語のある手紙」というページを担当しました。いまだ忘れられないのは、立原道造、向田邦子、宮城まり子が書いた手紙。中でも、向田邦子の、日常の何気ない出来事を綴った、直接的な愛の表現がない恋文が忘れられません。恋文とは、あのようなかたちであるべきものだと感じました。そして、木村さんの言う、「手紙とは、ささいな事柄のつみあげ」という文句に、向田邦子や宮城まり子の書いた手紙が思い出されます。

「手紙を書くときには、かしこまる」、これが私の日頃の心がけ。ときどき、静岡の両親から手紙が届きます。時事の挨拶で始まり、最後は自作の俳句で締められるという、礼儀に満ちた手紙が。親から子に送る手紙といえども礼節を忘れない、それが私の、「かしこまって手紙を書く」心がけの原点です。そうそう、両親からの手紙には、普通、封をした上に「緘」と書くところに、「春」とか、「桜」と言葉が添えられていて、そんなたった一文字を、私はいつも、密かに楽しみにしています。

木村さんとの、手紙にまつわる思い出というのはいくつかあって、
お互いまだ京都に住んでいた頃、木村さんがどこからか、「恋文教室」という、達筆な毛筆で書かれたチラシをもらってきて、一緒に講義の内容や、先生はどんな人なのかという想像で大騒ぎしましたね。結局、恋文教室への潜入計画は叶わぬままですが、今もまだ、京都にあのような素敵な教室が存在しているか知りたく、また「私もいつか恋文教室なるものを催してみたい」と思うのです。

村上春樹の『カンガルー日和』収録の短編、「バート・バカラックはお好き？」も、ペン・マスターという手紙指導のアルバイトをしていた青年のお話でしたよね。私はたしか中学生のときに読んで、本当にこんな職業ってあるのかしら？と思いながらも、ペン・マスターのアルバイトに憧れました。

今もし恋文教室や、ペン・マスターのような仕事ができたとしたら、私はきっと、書き方指導はそこそこに、郵便制度の楽しみ方を伝えることに力を注ぐような気がします。「彼ごのみの切手のみつけ方」のような。

昨年は『乙女新聞』を一緒につくりましたけれど、次は『恋文教室』をお題に、また小誌をつくりませんこと？ 来年の、バレンタインデーにでも。

話は尽きず、この続きは来週にでも。きっとまたすぐに、お会いしますものね。

3月12日

P.S.
奇しくも、3月12日は、「バート・バカラックはお好き？」の中の手紙の日付けと同日でした。今ちょっと、久しぶりに読み返してみると。

甲斐みのり

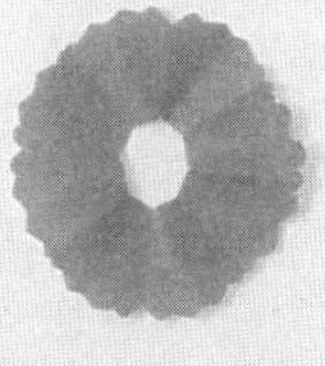

写真上／切手は資生堂の「花椿ビスケット」の缶に入れてあった。
写真下／ロルの頭文字「L」モチーフの手紙用品コレクション。

たから、学級の歌とか校歌とかを、いたずら書きしていたんです」

以後、書き味が気に入ってずっと使っていた彼女も、高校生になって雑貨ごころが芽ばえ、そのころ暮らしていた静岡から東京に遊びに行ったときに、輸入ものの青インクと、軸がマーブル模様のお洒落なつけペンを二、三本買ってみた。けれど、割箸ペンのほうがしっくりきた。

というわけで、今回は十代のスタンダードな形を再現してみたという。では今回の手紙には、ちょっとタイムスリップした気分で書いたのかな、と訊ねてみたら、やっぱりそうらしい。

みのりの詩「言葉」に、「一日中、学校にも行かないで、起きてから眠るまで誰かに宛てて手紙を書いていたけれど　もう、そんな日々は二度とこないような気がしています」という一節があるのを思い出した。

「それは大学生のころのことで、誰かに宛てていたというより、自分の気持ちを確認するために書いていた、とも思っています。もっと前、中学生のときは、手紙となると、男女間も、女友達同士でも、恋のこと以外に話すことなんてなかった。すべてが恋でした。いまでも、私は男の人に恋をすると、手紙を書いてしまうんです。返事は一切求めていません。もちろん、なんにも返ってこないのは嫌で、手紙に対して、手紙で返ってこなくても良い、ということです。私が送った手紙に、手紙が着いたよ、って電話が一本あれば、それでうれしいんです」

そんなことから、確かに、男の子ってあまり手紙を書いてきたりはしないよね、特に二十二歳くらいのさ、という、なぜか年齢を限定した男子話になった。みのりは、「タワーレコード」の現代音楽コーナーにいるような男の子は手紙を書くのが好きかもしれない、と言う。喫茶店、本屋さんが好きな人は、きっと手紙を書くのも好きだよね、などと、場所による分類に、話は流れていく。

最後に、みのりが「ひとりで行動できる人が、手紙を上手く書けるんじゃないかなあ」と一言、まとめた。

写真上／もらった手紙を入れておく箱はリボン付き。
写真下／ロルがこれまでに制作したポストカードのいろいろ。

column 3　私の好きな切手

切手収集が最も流行っていたのは、たぶん一九七〇年代。私の母も当時、もれなく切手を集めていた。濃い赤色の切手帳にはさんであって、二十円切手が主だった。一九七五年生まれの私が子どものころ、それら切手は綺麗なシールに見えた。無断で取りだしてばらばらにしてしまい、叱られた記憶もある。

いまの私が気に入って使っているのは、テキスタイルをモチーフにした切手である。沖縄の「芭蕉布地紅型」五十円切手に、北海道の「アイヌ文様」八十円切手など、とても洒落ている。布地の質感を再現した、印刷の精巧さもみどころだ。

それらは丸の内の東京中央郵便局にて購入するのが主だったが、近ごろ取り扱う種類がぐんと減ってしまって、残念である。

あと、近所の早稲田郵便局で売っている、早稲田大学大隈講堂が描かれた八十円切手も、堂々としていて好きだ。

阿佐ヶ谷の高架下に、おじいさんとおばあさんが切り盛りしている、小さなカウンターだけの切手屋があり、一九七〇年代あたりの未使用切手も売っていると甲斐みのりに聞いたので、今度行ってみようと思う。

　例えば、十円切手は百枚入りで九百円と、額面ごとに百枚まとめられたいろいろな絵柄の切手がビニール

袋に詰めてあり、値段はもれなく十%引きらしい。「お楽しみ袋みたいだよ」と、彼女は言っていた。
　蛇足だけれど、こんな切手があったら良いなという希望も勝手にある。まずは、漫画切手。岡崎京子、魚喃キリコ、冬野さほ、羽海野チカなどのイラスト切手、貼りたい。あだち充『タッチ』切手もどうだろう。企業ものでは、エビスビール、キリンビール、カルピス、キューピーマヨネーズ切手なども欲しい。『とらや』の和菓子シリーズなど、お菓子切手も魅力的。いかがでしょう。

第四章　手紙についての本

手紙の書きかたの本はどうも、型にはまりこんでかたくるしく、お説教を聞いているみたいな気分にさせられるものが、ほとんどだ。

それよりもっと〝手紙は素敵だ〟と単純に思える本を読みたい。

いろいろな手紙が読める、もしくは手紙を受けとったときの気持ちや書くときの心がまえなどを垣間見ることのできる、七冊の本を並べてみた。どうぞよろしければ読んでみてください。

※『心に残る美しい手紙とはがき』（辰巳出版）に収録された「手紙の本」を、加筆・修正しました。

【手紙のことば〜美しい日本語を究める】

河出書房新社編集部・編／河出文庫

基本的な手紙のマナーやルールについていろいろな人が書いた文章と、夏目漱石や中原中也など文筆家が書いた手紙の実例が、バランス良くちりばめられたアンソロジーだ。

　冒頭にあるのは、フランス文学者の河盛好蔵の「手紙の文章」、タイトルもストレートだ。読んでいくと、「手紙を書くときに最も注意しなければならないことは、つい〝自分〟が出すぎることである」という一文に目がとまった。

　小説家の三島由紀夫も、近

いことを書いている。このアンソロジーには『三島由紀夫レター教室』のあとがきが収められていて、「いくら情熱がありあまつてゐても、相手の側にあなたに対する関心がまつたくない時に、相手かまはず、自分勝手に情熱を発散したつて、うるさがられて、紙屑籠へ直行するだけです」とある。手きびしいが、もっとも。

手紙と、人間関係とはイコールである。関係性によって、書きかたも変わるのがほんとう。歌人の佐佐木幸綱は「手紙には普遍性は不要である」と言い切り、続けて「相手が正確に、はっきりとした輪郭で思い浮かべられているゆえの内容的な片寄りは、むしろその手紙のインパクトを強烈にする」と書いている。

あくまでも、手紙の基本的な型とは、こう書いておけば少なくとも失礼にはならない、というお手本にすぎないのだ。しかし、型に沿って書かれた手紙は、すっきりと品良く見える。それは素敵なことである。

実際に送り送られた手紙が紹介されているページでは、書き出しの一言に注目。私が個人的に気に入ったものをいくつか引用すると、石川啄木の「電車に乗る人、白地の浴衣が日に日に稀になつて、遂に都内に秋が来た」、夏目漱石の「拝啓伊香保の紅葉を貰つて面白いから机の上へのせて置いたら風がさらつて行つて仕舞つた。どこをたづねてもない」などである。何気ない事柄に目を配って、かつさりげなく書いていて、格好良い。どちらも季節が秋なのはたまたまか、いやあるいは、秋は手紙にぴりっとしたことを書くのに向いているのかしら。

【三島由紀夫レター教室】

三島由紀夫／ちくま文庫

『三島由紀夫レター教室』は、二十歳から四十五歳のあいだの、いろいろなタイプの五人の男女が送り送られた手紙を並べてひとつのストーリーに仕立てたものである。三島由紀夫が実際にレター教室を主宰していたわけではない、残念ながら。

私は三島由紀夫（一九二五～一九七〇）の本は、これと『反貞女大学』しかちゃんと読んだことがない。小説を主に書いていた彼には失礼かもしれない。小説のほうは私にとってはこってりし過ぎていて、なかなか開けない。

レター教室は、すらすら読めた。おいしいものや異性をあけすけに求める、欲望にストレートな人々のおもてもうらも書きこまれているのは小説と近いのだろうけれど、「手紙」というフィルターを通すことで、登場人物が持っているあくがすこし抜ける。

さて、どんな手紙があるかといえば、「古風なラブレター」「旅先からの手紙」といったスタンダードなものから、「借金の申し込み」「愛を裏切った男への脅迫状」のような書きにくそうな手紙、そのあいだにはさまるのんきな「閑な人の閑な手紙」などなど。

それら数多の手紙からは、誘いを断ったり、言いにくいことを打ち明けたりと、書きかたにとまどう手紙について、の意外なマナーについて、とくに学ぶところが大きい。例えば、「どうしても行きたくないところから招待を受けたら、二度、三度、まったく同じ理由で断ればよろしい。そうすれば、向こうも察して、以後決して招待されなくなります。それはお互いの幸福というものです」「脅迫状は事務的で、冷たく、簡素であればあるだけ凄味があります」……すこし間をおいてからでないと、なるほど、とはうなずけないような、全くストレートでクールな助言である。

急ぎで伝えたいときは電報を使っているところには、一九六八（昭和四三）年に出版されたこの小説の時代性が垣間見える。

『三島由紀夫レター教室』に続き、終始一貫して手紙だけで構成されている手紙文学・その2。

孤児院での日常を書いた「ゆううつな水曜日」という作文をきっかけに、大学に進学させてもらえることになった女の子、ジュディが主人公。彼女の学費と生活費は、顔も知らない「あしながおじさん」のポケットから出してもらえる。そのかわり、そのおじさんに毎月、日々の出来事を綴った一通の手紙を書くことが条件である。ジュディは小説家としての素質があると見こ

【あしながおじさん】
ジーン・ウェブスター／岩波少年文庫

まれており、手紙を書くことは、文章力をつけるトレーニングになるとのおじさんの考えからだ。しかし、彼からは返事はけしてこないと決められている。

まるでおとぎ話のような設定だ。まあ、実際にフィクションではあるのだけれど、でもジュディが書き綴る手紙にはどれも乙女らしいリアリティがあってどんどん読みすすみたくなる。

「ふたたび、おはようございます！　きのう、郵便屋さんがくるまえに、手紙を封筒にいれなかったので、もう少し書きたします」「まったくあたしったら！　なんだか、わめきちらしているみたいな文章だこと。感嘆符だらけになってしまいました」「追伸　おじさん、もしあたしが、偉大な作家にならず、ただの、平凡な娘でおわったら、ひどくがっかりなさいますか？」

手紙からみるおじさんは、ジュディにとっては、仮の家族であり、かつ親友でもある。彼女は会ったこともないおじさん宛てに、起こったことすべてを明るく書き綴る。学校のこと、女友達のこと、夏の休暇、小さな恋愛。楽しいことにも悲しいことにも同じく一生懸命に向かってジュディが書いた手紙には、率直でまじめで可愛らしい彼女の姿が映っている。

訳者は「手紙の書き方はすべてこの本で教わった」とあとがきに書いている。手紙に添えられたへんてこりんな絵も、必見。

【漱石書簡集】 夏目漱石／岩波文庫

「僕はこれで色々な人から色々に自分の身の上を打ちあけた手紙や何かを受取る男だ。人にそんな事のいえるうちは人間がつまり純粋なのである。その代り自分で自分のいう事を大袈裟に誇張する事がある。自分は当時はそれほどと気がつかないでもあとからそう思う。君もそうだ」

この、漱石が三十九歳のとき、二十二歳だった小宮豊隆（のちに漱石全集を編集した人物である）に宛てた手紙を読んで、ちかごろ私はあまり純粋な手紙を書き送っていないと気がつき、すこしもやもやとした。

小説家・夏目漱石（一八六七〜一九一六）が、二十二歳の学生時代から、五十歳で亡くなるまでに書き綴った手紙を時系列に並べた『漱石書簡集』。一通一通がすでに独立したエッセイのようで、流石である。

英文学の教師を経てのち小説家となった漱石には、彼を慕う学生たちからたびたび手紙が送られてきたようで、彼らには優しい返事を書いているのが目立つ。私ももらいたいくらい、親しげで、やる気の起こりそうな手紙だ。辛辣なことをはっきり書いても、文章に品があるからきつくなりすぎない。

手紙の中では時たま、手紙の書きかたについてもふれている。

「先生様はよそうじゃありませんか。もう少しぞんざいに手紙を御書きなさい」「ペンで手紙をかく事は今の世では軽便で時を省いて好いでしょ

う。御師匠さんがいけないというのなら御師匠さんだけに墨で書いて御上げなさい」など、きわめて実用的なアドバイス。

通読して、デビュー作『吾輩は猫である』を書いた年の手紙が、ふっきれていて力強く、いちばん面白いと思った。その前の、ロンドン留学中のいらいらしたエアメイルや、晩年に病気がちになってからの手紙は、読んでいて単純につらくなる。私が、漱石の小説の中では『猫』がいちばん好きなのにも関係あるかもしれない。

【手紙を書きたくなったら】

木下綾乃／WAVE出版

「手紙と人」の章で登場してもらったイラストレーター・木下綾乃のはじめてのエッセイ集。彼女の書く長いまとまった文章は、はじめて読んだ。品もリズムもあって流石だ。

手紙そのものの内容、というよりは、封筒のつくりかたや手紙に同封するものについて、そして収集している切手のことなど、手紙をかたちづくるものに主にスポットライトを当てている。

やっぱり興味深かったのは、「東京文具ツアー」の章である。彼女から手紙をもらって、どこで入手したのか気になっていたカードなどの秘密がわかる上に、買いものついでの休憩場所もさらっと紹介してあって心憎い。新宿の街をしばしばこれといった用もないのにうろうろする習性のある私にとっては、画材と文具のメガストア「世界堂」と、カレーで名高い「中村屋」がとりあげられていてうれしかった。ちなみに私は、中村屋の並びの「新宿高野」地下二階にて紅茶を買うのが常である。

そして、これは盲点、と思ったのは「たのしみな置き手紙」の章。ポストに入れる手紙のことばかり気にしていて、忘れていた。家の鍵を共有していることから発生する手紙だけに、ごく近しい相手にもらうもの、だいたい文は短いと決まっている。私にも、ずっと取ってある置き手紙が何通かある。年に二度くらい見返している。書いた人物はむかしの恋人で、もう会うことはないかもしれないが、手紙はいまのことなど知らないから無邪気な文面で、それが悲しくもおかしくもある。

また、「返事を書くときは、相手のことはもちろん、自分のことも普段よりきちんと考える」との一文も意外、しかしなるほど。

そうそう、切手コレクション紹介ページの、一枚ごとの解説も必見である。

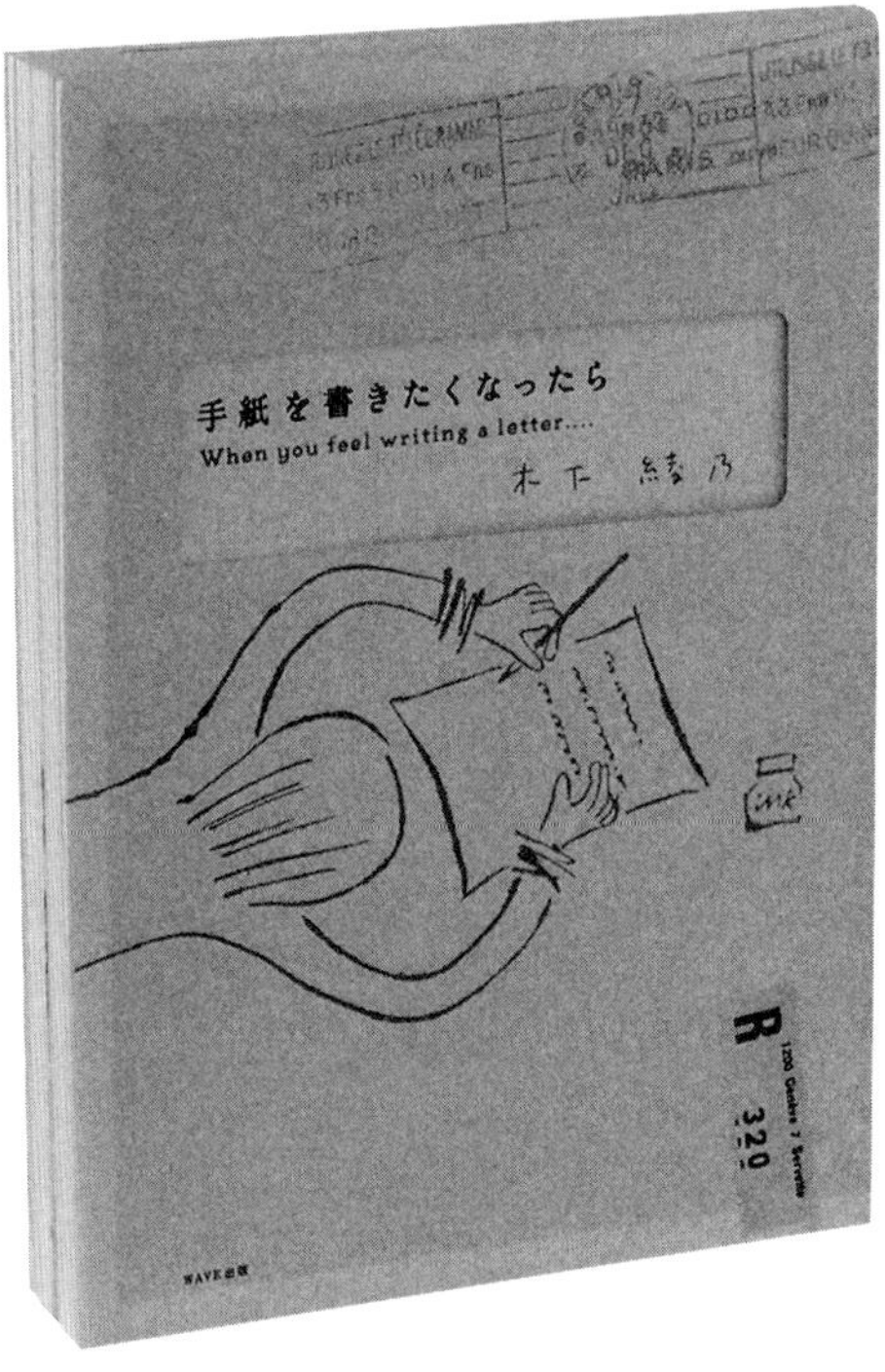

【さわの文具店】

沢野ひとし／小学館

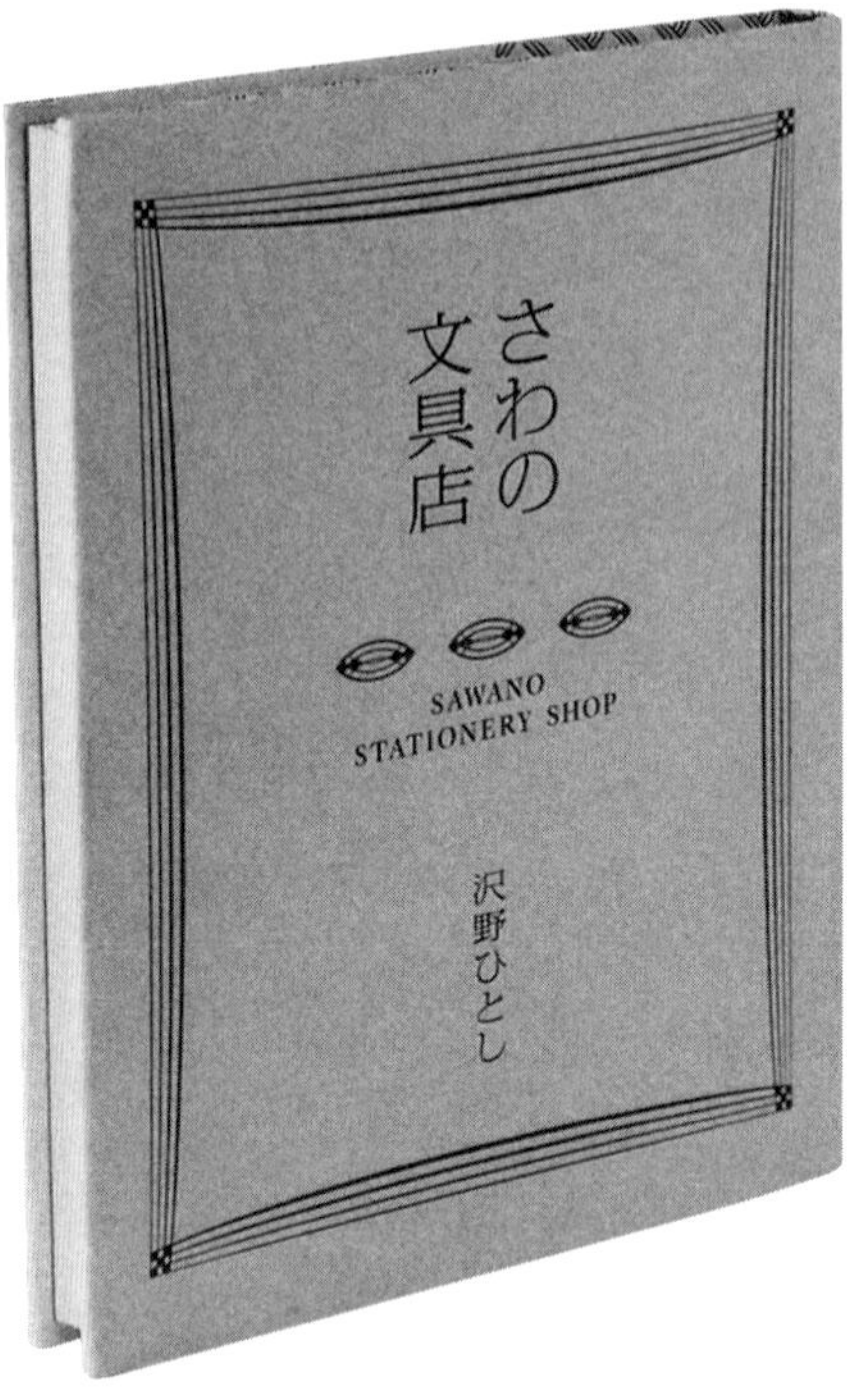

イラストレーターである沢野ひとしが、少年時代からいまに至るまでに愛用したさまざまな文房具についての、全五十話のエッセイ集である。居酒屋評論家でもあるグラフィックデザイナー・太田和彦が手がけた装丁も、文句なし。

第一話の「切手ぬらし器との出会い」にはじまって、手紙に関係する文房具はいくつも登場する。

何十本も持っているという万年筆についてはしばしば書かれている。いろいろなメーカーの万年筆を試したこと、長野は松本の「万年筆の山田」

の主人のことなど、万年筆とのつきあいが長く深くないと生まれてこないエピソードだ。もちろん沢野ひとしは、インクにもこだわりを持っている。「インクはペリカンの4001のブルーと決めている。このインクの味わいは人に説明してもわかってもらえないが、何よりも心がときめく。（中略）ペリカンのブルーは単なる青インクではない」。

旅先で購入した、ハワイのペーパーナイフ、ポスト・イットト、フランスの砥石などなどの思い出話の中、ニューヨークで「高級な便箋のセットが並べられているが、恋人らしき人もいないので今は必要がない」とつぶやいていた一文もまた、印象的だ。

私が個人的に好きな章は「ホテルの便箋」。あちこちのホテルの、部屋に用意されている便箋を持ち帰り、色鉛筆で心象風景を描き、個展を開いたという。とても素敵な趣向である。それを見たあるホテルの支配人に、自分のホテルの便箋に描いた絵を譲ってほしいと頼まれたという。絵のお返しは宿泊券で、とてもうれしかったと書いてある。

ホテルの便箋は主に、ロゴがあしらわれただけのシンプルなデザインでありながら、目を凝らすとロゴが箔押しされていたり、透かしが入っていたりと品良い工夫が凝らされている。そして実際に文字を書いてみると、ペンが気持ちよくすべっていつもより字も上手く見えたりすることも多い。

私はあまりホテルにはまだ明るくないが、いままで使った中では、日比谷の帝国ホテルの便箋は流石だった。

【ボストン美術館所蔵 ローダー・コレクション
美しき日本の絵はがき展】
図録／（日本経済新聞社）

手紙に切手を貼ってポストに投げ入れれば相手に届けられる、郵便制度が日本ではじまったのは、一八七一（明治四）年四月二〇日。それまで手紙は、飛脚が運んでいた。もちろんまだ電話は引かれていなかった。

　その二年後に日本ではじめて発行された葉書は「薄紙を二つ折りにし、簡素な紅枠を印刷したもの」だったそう。いまの日本郵政公社のもととなる「逓信省」が発行した、官製葉書だった。

　誰でもオリジナルの葉書を好きにつくって良いと定められたのは一九〇〇（明治三三）年である。絵葉書を売るのも買うのも、たちまち大流行した。一九〇五（明治三八）年には、東京には絵葉書屋が四千軒あったそう。上野公園では「日本絵葉書展覧会」も開かれた。数冊前に紹介した夏目漱石の、デビュー作となった『吾輩は猫である』も、同じ年に発表されている。そういえば、猫の絵があしらわれた絵葉書が届く場面があったが、ただ淡々と読んでいた。新しい時代の風物として書かれていたとは知らなかった。

　それから昭和初期にかけて絵葉書ブームは続いたという。ブームの渦中にある、凝ったデザインの絵葉書が三百五十枚展示された「美しき日本の絵はがき展」を、昨冬、大手町の「ていぱーく」で観た。いまでも欲しい、もしくはつくりたい絵葉書が、何枚も何枚も目にとまった。

　ちなみに、この図録には絵葉書四枚のおまけつき。

column 4

ラブレター論

私がつくった本はこの『手紙手帖』で、六冊目になる。本づくりにとりかかる前には、いつもひとつ「メモ」というファイルをつくる。参考になりそうな雑誌や新聞の切り抜き、それと、本のイメージづくり用に、個人的な写真や歌詞のコピーなども合わせてはさんでおく。ちょっと煮詰まったときなどに、取り出して眺める。

この本のメモファイルを開くと、消しゴム版画についての新聞記事、結婚前の母から父へ宛てた絵葉書二枚、前の恋人の置き手紙、はじめて出した本ができたときに担当編集者がくれた葉書、などなどが出てくる。それから、鈴木いづみのエッセイ集の「Love letterを書くつけ文が最高」というページのコピー。

鈴木いづみは、主に一九七〇年代を舞台に踊った、モデルで、俳優で、作家だった。彼女のエッセイは、百％女であり、かつドライで、漢字と平仮名の配分も洒落ていて、私はとてもとても好きである。

コピーをとったエッセイの前半分には、彼女がもらったラブレターについて書いてある。

「あるいはまた、意味があろうとなかろうと、それが手紙の内容にあっていようとなかろうと、口あたりのいいしゃれた文章が末尾をかざったりしていた。（中略）やたらに自分をよくみせようとするそれらよりも、そのあいだにはさまっている、率直な文章のほうが好ましかった。〝きみはいいやつでかわいいやつだ〟なんていうほうが」

　前の恋人にもらった手紙のことを思い出す。彼は詩人で、その詩には、画数が多めの漢字がいっぱいあって正直よくわからなかったが、一筆箋にも足りないくらいの、伝言程度の手紙はとてもシンプルで、好きだったわ、と。

　読んだり考えたり、そして書いたり。ラブレターはやはり、いちばん興味深い手紙だ。

　いつかそのうち「恋文講座」を開きたい、とも思うのだ。

おわりに

　これまでにもらって、特にうれしかった手紙は、クッキーの空き缶に入れてある。ときたまふたを開け、ちらちら見ている。

　これから使う切手やポストカードも、お菓子の空き缶や空き箱などに入れてある。本書の製作中、手紙用品をいろいろ試しに買って見ているうち、その上には新たな箱がいくつも積み上がっていった。

　手紙と、手紙に関するものは何故か箱に入れておきたくなる私である。この本も、そういう箱のひとつみたいに、ときたま開いて中を眺めれば、届いた手紙のことを思い出したり、あるいは誰かに手紙を出そうという気分になったりする、手紙の玉手箱であればと願います。

過ごしやすい季節のような空気を含んだ写真を撮ってくれた、米谷享さん。洒脱な装丁を手がけ、可愛らしいイラストも描いてくれた、横須賀拓氏。編集を担当していただいた、山本泰代さん。皆さま、どうも有難うございました。そして、これからもどうぞよろしくお願いします。

二〇〇五年　桜若葉　早稲田にて

木村衣有子

お店情報

銀座・伊東屋
東京都中央区銀座2—7—15
電話　03—3561—8311（代）
営業時間　午前10時〜午後7時（日祝は午前10時半〜）
定休日　無休
http://www.ito-ya.co.jp/

鳩居堂銀座店
東京都中央区銀座5—7—4
電話　03—3571—4429
営業時間　午前10時〜午後7時半
（日祝は午前11時〜午後7時）
定休日　1月1日〜3日
http://www.kyukyodo.co.jp/

平つか
東京都中央区銀座8—7—6
電話　03—3571—1684
営業時間　午前11時〜午後7時
定休日　日曜日、祝日（12月は無休）
http://www.ginza-hiratsuka.co.jp

月光荘画材店
東京都中央区銀座7—2—8
電話　03—3572—5605
営業時間　午前11時〜午後7時
定休日　年末年始
http://www.vesta.dti.ne.jp/~gekkoso/

二月空
＊左記のお店で販売しています。
また、二月空は不定期で展覧会も開催しています。

「イデーショップ」
東京都港区南青山6—1—16
電話　03—3409—6581
営業時間　午前11時半〜午後7時半
http://www.idee.co.jp/

「美篶堂ショップ・工房・ギャラリー」
東京都千代田区外神田2—1—2 東進ビル本館1F
電話　03—3258—8181
営業時間　午前11時〜午後8時（日祝は〜午後6時）
定休日　月曜日
http://www2.ttcn.ne.jp/~misuzudo/

「埼玉県立近代美術館ミュージアムショップ」
埼玉県さいたま市浦和区常盤9―30―1
電話　048―824―0111
開館時間　午前10時〜午後5時半（金は〜午後8時）
休館日　月曜日（祝日または県民の日の場合は開館）、
祝日の翌日（土、日曜日または祝日の場合は
開館）、年末年始
http://www.saitama-j.or.jp/~momas/

佐瀬工業所
東京都台東区入谷2―29―8
電話・FAX　03―3873―1564
http://www7.ocn.ne.jp/~glasspen/

郵便料金表

種類	内容	重量	料金
第一種郵便物（封書）	定形郵便物	25gまで	80円
		50gまで	90円
	定形外郵便物	50gまで	120円
		100gまで	140円
		150gまで	200円
		250gまで	240円
		500gまで	390円
		1kgまで	580円
		2kgまで	850円
		4kgまで	1,150円
第二種（はがき）	通常はがき		50円
	往復はがき		100円

<定形郵便物とは>

長さ14〜23.5cm
幅9〜12cm
厚さが1cmまで
重さが50ｇまで

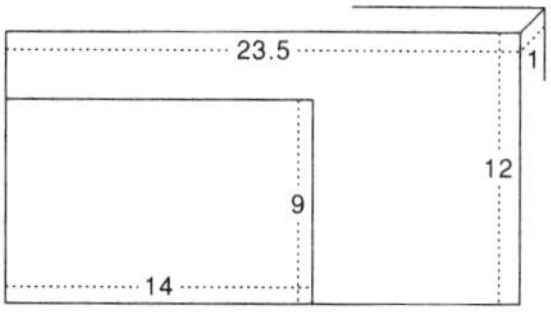

※封筒の宛名を記載する部分（最小限は長辺8cm、短辺4.5cmを標準）には、宛先と一般に手紙の表面に記載する習慣の文字（親展、至急など）以外の文字を記載していないものです。

参考文献

『手紙・はがきの書き方がすべて載ってる大事典』（永岡書店）
『ビジネスに役立つ文書と手紙の手帳』（小学館）
別冊太陽『日本を楽しむ暮らしの歳時記　春・夏・秋・冬』（平凡社）
『基本季語５００選』山本健吉（講談社学術文庫）
『STATIONERY WONDERLAND　伊東屋の文房具たち』（プチグラパブリッシング）
『The Stationery　銀座・伊東屋１００年物語』（ピエ・ブックス）
『文房具と旅をしよう』寺村栄次・浅井良子（ブルース・インターアクションズ）

木村 衣有子（きむら・ゆうこ）
文筆家
本や映画のこと、京都と東京、甘いものほかあれこれについて書き綴る。1975年生まれ。著書に『京都カフェ案内』『東京骨董スタイル』（2冊とも平凡社刊）、『京都のこころA to Z』（ポプラ社刊）などがある。趣味は邦画鑑賞と居酒屋巡り。映画のパンフレットをつくる仕事をいちどしてみたいと思っている。

手紙手帖

平成17年6月25日
初版第1刷発行

著者　木《き》村《むら》衣有子《ゆうこ》

発行人　深澤 健一
発行所　株式会社祥伝社
〒101—8701
東京都千代田区神田神保町3—6—5
03—3265—2310（編集）
03—3265—2081（販売）
03—3265—3622（業務）
ホームページ
http://www.shodensha.co.jp

ブックデザイン・イラスト
横須賀 拓
写真　米谷 享
編集　山本 泰代
印刷　図書印刷株式会社
製本　関川製本

造本には十分注意しておりますが、万一、落丁、乱丁などの不良品がありましたら「業務部」宛にお送り下さい。送料小社負担にて、お取り替えいたします。

ISBN 4-396-41077-8

★ご意見、ご感想をお聞かせください。
この本をお読みになってのご意見、ご感想をお聞かせください。今後の企画の参考にさせていただきます。お名前、ご住所、お電話番号、ご職業を明記の上、Eメール、ハガキ、またはFAXで下記までお送りください。いただいたご意見、ご感想は、新聞や雑誌を通してご紹介させていただくことがあります。採用の場合には、特製図書カードを差し上げます。
なお、お送りいただいたお名前、ご住所等は、書評紹介の事前了解、謝礼のお届けのためだけに利用し、そのほかの目的のために利用することはありません。また、そのデータは6ヶ月を超えて保管することもありませんので、ご安心下さい。

〒101—8701
東京都千代田区神田神保町3—6—5
祥伝社書籍出版部　伊丹眞
Eメール　live@shodensha.co.jp
FAX　03—3265—2025